# 中老年人身体功能训练指南 <sub>第2版</sub>

[美]凯·A. 范·诺曼（Kay A. Van Norman）/ 著

张佳兴 陆洪军 计百成 / 译

人民邮电出版社

北京

**图书在版编目（CIP）数据**

中老年人身体功能训练指南：第2版 /（美）凯·A.
范·诺曼（Kay A. Van Norman）著；张佳兴，陆洪军，
计百成译. —— 北京：人民邮电出版社，2020.5
ISBN 978-7-115-52012-8

Ⅰ. ①中… Ⅱ. ①凯… ②张… ③陆… ④计… Ⅲ.
①中年人—身体训练—指南②老年人—身体训练—指南
Ⅳ. ①G808.14-62

中国版本图书馆CIP数据核字（2019）第262398号

**免责声明**

本书内容旨在为大众提供有用的信息。所有材料（包括文本、图形和图像）仅供参考，不能替代医疗诊断、建议、治
疗或来自专业人士的意见。所有读者在需要医疗或其他专业协助时，均应向专业的医疗保健机构或医生进行咨询。作
者和出版商都已尽可能确保本书技术上的准确性以及合理性，并特别声明，不会承担由于使用本出版物中的材料而遭
受的任何损伤所直接或间接产生的与个人或团体相关的一切责任、损失或风险。

## 内 容 提 要

中老年人经常进行安全的健身活动，不仅可以增强体质，还可以愉悦心情。本书以研究数据和运动科学理论为基
础，分析了中老年人健康领域的现状及面临的挑战，提倡整体健康的理念，强调提升功能性能力。本书不仅提供了120
个陆地训练方法和72个水中训练方法，还提供了多种场景下的详细方案示例，旨在帮助中老年人优化生活和运动表现，
保持身体健康，提高生活品质。

♦ 著　　　[美]凯·A. 范·诺曼（Kay A. Van Norman）

　　译　　　张佳兴　陆洪军　计百成

　　责任编辑　林振英

　　责任印制　周昇亮

♦ 人民邮电出版社出版发行　　　北京市丰台区成寿寺路 11 号

　　邮编　100164　　电子邮件　315@ptpress.com.cn

　　网址　https://www.ptpress.com.cn

　　涿州市般润文化传播有限公司印刷

♦ 开本：700×1000　1/16

　　印张：10.5　　　　　　　　2020 年 5 月第 1 版

　　字数：254 千字　　　　　　2025 年 9 月河北第 4 次印刷

　　著作权合同登记号　图字：01-2017-4703 号

定价：59.00 元

读者服务热线：(010)81055296　印装质量热线：(010)81055316
反盗版热线：(010)81055315

# 目录

# 前言

从 1995年出版了 *Programming for Older Adults* 一书以后，我的思想发生了重大变化。之前我比较关注为55岁以上的老年群体提供方案，满足他们的需求，但是现在发现其实年龄与功能性能力关系很小，甚至可以说是影响一个人能力的众多因素中最小的一部分。我知道个人的期待、个人信念和意愿会对结果产生影响，这一点与年龄无关。例如，很多肢体有缺陷的人能做到很多不可思议的事情，比如盲人登上珠穆朗玛峰，还有残奥会上运动员的种种表现。最近的研究表明，人体可以在一生中维持高水平的功能性（Spirduso et al., 2005）。只要看看奥运会上日见增多的大龄选手在跑步、跳高、跳远、举重类运动中的出色表现，或者阅读一些相关文章，了解全球的中老年人在90多岁的时候做出的各项对年龄和身体的挑战就能体会到这一点（Buettner, 2005）。

我已经将我制定方案的角度从年龄调整为功能。当今世界是一个工业化的世界，为老年人制定方案与为那些久坐或有功能缺陷的成年人制定是一样的，都是需要特殊对待的。别低估了这其中对特殊性的考虑，因为健康专家最大的挑战之一就是让人们都相信虽然某些身体指标会随着年龄的增长而下降，但功能对此的依赖完全可以避免。

严重的身体或功能缺陷让我们并不能断定一个人做不到什么。例如，凯尔·梅纳德出生时就没有前臂和小腿，但这并不能阻碍他成为出色的大学校队摔跤手（Maynard, 2005）。

这个例子完美地诠释了个人信念、期望和意愿对结果的影响。第3章讲的是运动方案中的心理学，讨论了那些常被忽视的因素对行为的影响，以及如何发挥这些因素让它们对健康起到积极作用。

健康专家必须改变人们的思维方式、语言和运动方法。我们应当组织方案克服心理障碍，养成健康的生活习惯。并且提供一种运动方法，让人们无论什么年龄和怎样的身体状况都能将功能性能力发挥到最大。同时，应当理解身体、思想以及对健康有好处的精神之间的关系。

本书将帮助健康从业人员做出转变，从原有的认为随着年龄增长健康状况会下降，转变为忽略年龄而着重发展功能性能力的理念。本书为身体功能缺陷或特殊情况的成年人提供了特殊方案。同时也支持从关注健身到全身心健康的转变，关注个人全身心投入对健康的追求，而不是一味追求某种结果。

和第1版一样，本书介绍了成年人健康领域的发展概况，包括人群状况分析和健康业的挑战与机遇（第1章），也讨论了从健身到身心健康的运动方案的转变。书中提供了关于心肺功能、肌肉骨骼系统和神经系统的简要介绍，年龄增长和特殊身体状况下的常见变化，以及影响运动安全的特殊条件（第2章）。书中提供了方案制定过程中应考虑的心理学要素（第3章），以及水中和陆地的运动方案（第4到6章），还有在社区及养老院环境中改善健康状况的方案（第7章）。

本版中新增了以下内容。

- 用一整章讲述老龄化与身心健康的社会心理因素。
- 介绍全身心健康的概念,将健康的6个维度整合到运动方案中。
- 力量训练方法和特殊方案。
- 养老院环境的特殊性带来的独特挑战和机遇。

这版书的撰写也比第1版困难得多。之前我会简单地做宽泛陈述说"老年人需要如何如何"。我现在对当时写下的这些句子都感到难为情,所以现在我会尽量努力避免这种泛泛而谈。同样我还试图在为存在功能性缺陷的人提供适合他们的训练方案。这种平衡会贯穿全书始终。准备好了吗?那就出发吧!

# 致谢

首先要感谢我的丈夫乔治·格布哈特、儿子布洛克和科尔。你们不得不又一次忍受我把厚厚的纸张堆在餐桌上，而我在电脑前一坐就是几小时。感谢你们的爱和支持。同时感谢我的私人啦啦队克里斯·范·布格和洛伊斯·赛斯，是你们在我困惑的时候为我助力。

感谢书中所有无私提供案例的人们，还有来自伊利诺伊的厄巴纳林赛镇的摄影师克拉克·林德赛，感谢你为本书提供的诸多优秀照片。尤其感谢我朋友和战友，亲身示范了保持积极、生活充实和从容面对时间的态度。

感谢鲍勃·乔丹、艾德·安乐、凯·穆尔、玛丽·珍·约翰逊和格蕾丝·弗朗斯。感谢你们所做的一切。期待和你们一起爬山，一起迎接未来更多的岁月。

感谢多年来在老龄化和成年人发展委员会、美国国家老龄化委员会、凯瑟老龄化研究所和国际活跃老龄化理事会一起共事的同事们，从你们身上我学习到很多。最后，感谢丹·蒙塔古——我的朋友和同事，感谢你为我打开全身心健康的大门，感谢你一直以来的帮助与爱。

# 第 1 章

# 老龄化与身心健康

能够参与到中老年人运动与健康的相关项目是非常令人兴奋的，因为健康促进产业的市场现在正在蓬勃发展。人们已渐渐意识到在整个人生中保持健康和活力是多么重要。健康促进和高级服务组织一直在努力告诉成年人健康积极的生活方式所带来的好处，而现在正是开展健康生活方式项目的好时机。在美国，婴儿潮出生的一代人现在基本都已经超过65岁。基于这种人口年龄结构的变化，联邦机构也在寻求切实可行的策略，让人们在身体、心灵和精神方面维持一生的健康。

健康促进的范围涉及从疾病预防和管理到全身心健康，前者被称为医学模型，主要关注健康检查和运动方案，而后者意识到了身体、心灵和精神综合健康的重要性。一些关于日常运动对健康的益处的研究已经揭示了运动中关注思想和情绪对疾病预防与痊愈有重要作用（Cohen，2005；Ray，2004）。身体、心灵和精神全方位投入以促进健康方式的需求对健康促进和健康产业意义非凡，而且为从以年龄为基础向功能性为基础的转变提供了很多机会。

婴儿潮一代人的年龄增长为这种急速转变的方式方法提供了很多机会。这一代人整体比上一代人对年龄的认识要宽容得多。他们其中很多成熟的人拒绝接受年龄带来的身体衰弱，并且在积极寻求改变的方法。像兰斯·阿姆斯特朗这样40岁以上的精英运动员和许多奥运选手们都在力求让自己的运动表现更上一层楼，打破30岁是体能潜力巅峰的传说。很多不是职业运动员的普通人随着年龄的增长也保持着惊人的活力，他们诠释了只要全身心投入，就有机会一生保持有活力、有意义、有目标、有品质的生活。同时我希望大部分人都不仅仅是有机会，而是真正可以做到健康地老去。

本章对全球范围人口的状态做了概括，强调健康方案如何帮助成年人在整个生命过程中保持健康。本章将人体功能划分为5个阶段，可以以此断定功能状况及该状态下的需求。本章同时介绍了全身心健康的概念，并强调了其中6个重要组成部分：身体、社交、情感、精神、智力和职业。最后，本章讨论了中老年人健康的相关产业和组织，包括健身、老年公寓、社区娱乐、老年人服务以及老年人健康组织。

摄影：道格拉斯·西克

100岁，对于弗兰克·西克来说只是个数字

## 世界人口老龄化

截至我写书之时，全球65岁以上老年人口有4.97亿之多，到2030年，这个数字会增长到9.97亿。意大利以19.1%的65岁以上人口比例成为全球"最年长"的国家，日本紧随其后，65岁以上人口比例为19%。这个排名中前二十的其他国家都分布在欧洲。美国的这一比例为12.4%，位居全球第38（Kinsella &

Phillips, 2005）。图1.1表示了部分国家到2050年，65岁以上人口的增长情况。

在工业化国家中，大部分65岁以上的老年人都没有进行足够的体育锻炼来维持身体健康。65岁以上人群中16%到27%的美国人和不超过三分之一的加拿大人有日常锻炼。而意大利只有3.5%的老年人会进行日常锻炼，另外有2.2%会偶尔锻炼。考虑到65岁以上的老年人的健康和伤残数据，全球政府都开始关注老龄化带来的冲击。缺乏运动的老年人在没有外

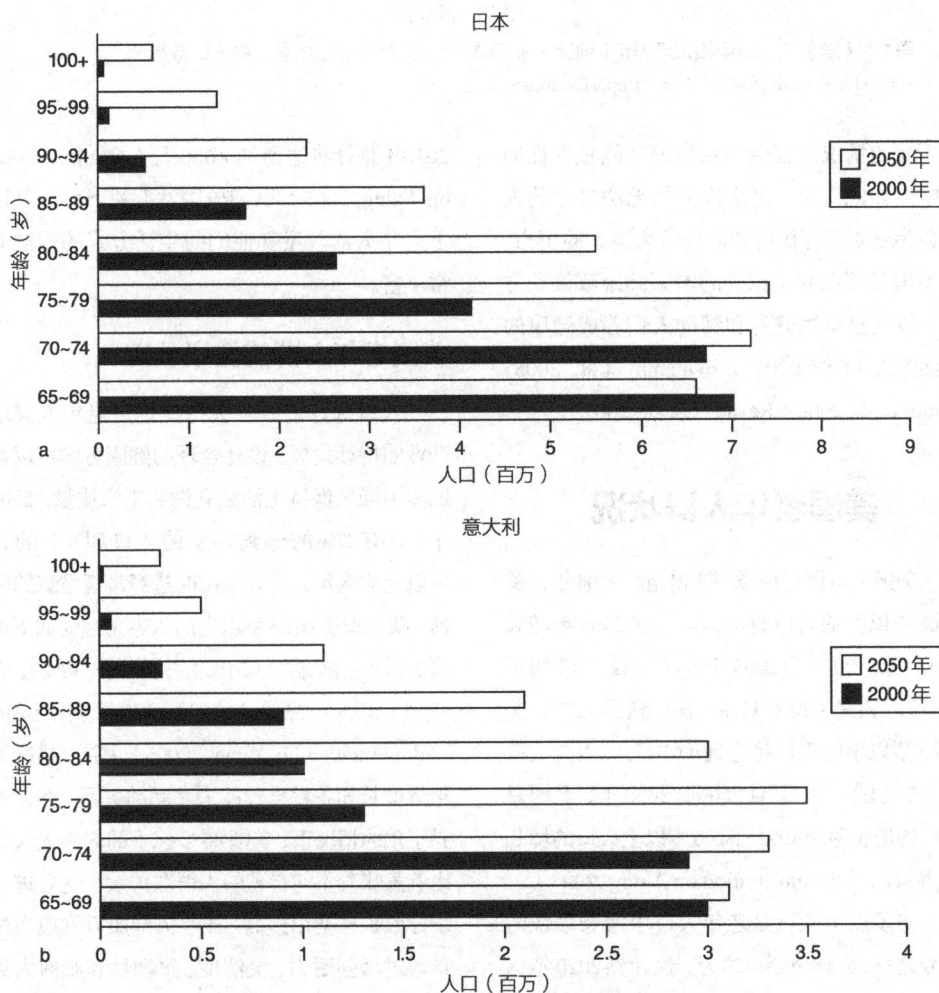

▶ **图1.1** 2000年和2050年（预计）a. 日本；b. 意大利和c. 加拿大的人口数量

源自：U.S. Census Bureau, International Database.

加拿大

年龄（岁）

100+

95~99

90~94

85~89

80~84

75~79

70~74

65~69

□ 2050年
■ 2000年

c    0    0.25   0.5   0.75   1   1.25   1.5   1.75   2   2.25   2.5

人口（百万）

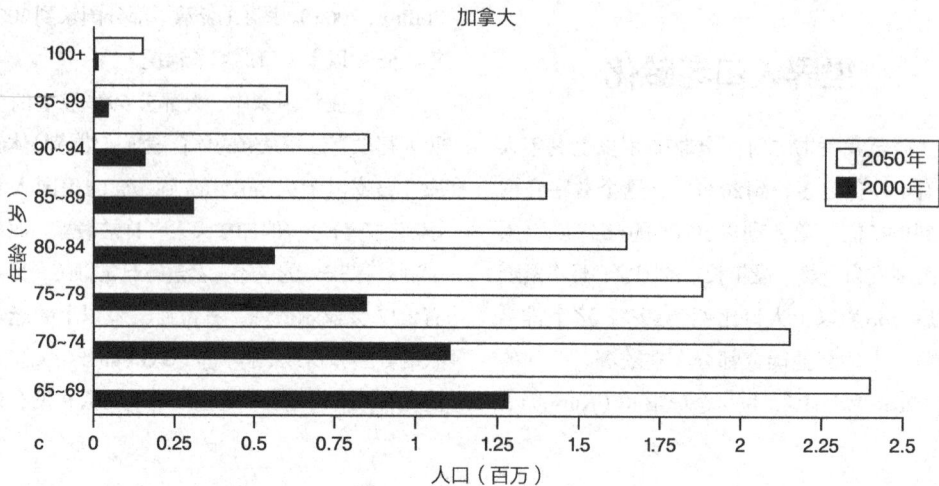

▶ **图1.1（续）** 2000年和2050年（预计）a. 日本；b. 意大利和c. 加拿大的人口数量
源自：U.S. Census Bureau, International Database.

界干预的情况下都会面临丧失功能独立性的风险。如此一来，这个庞大的无法自立的人群会为健康疗养机构和政府带来极大的压力。很多国家都在制定相关的国家健康政策和方案，以促进全民健身和帮助人们养成健康的生活方式（CDC, 2007；Benjamin et al., 2005；Lucidi et al., 2006；Rasinahoet al., 2007）。

## 美国老年人群状况

美国人口调查局数据显示，2004年，美国65岁以上的人口有3 630万，比1994年增长了310万。2004到2005年，这一数字增加了45.7万，占总人口的12%。预计到2050年，美国65岁以上的人口将达到8 670万，占总人口的21%（图1.2）。预计2000到2050年，美国总人口的增长率为49%，而65岁以上人口的增长率为147%（Administration on Aging, 2005）。

85岁以上人口是老年人口中增长最快的部分之一，2000年为420万，预计到2020年这一数字会达到730万。2006年的世纪老人（年龄在100岁及以上的老年人）有79 682人，到

2040年预计将达到580 650人（Administration on Aging, 2005）。AARP网站上关于65岁及以上老年人的数量和他们的生活方式的资源非常丰富。

## 美国老年人群的健康状况

人口统计资料将会持续推进老年人健康产业的持续发展。设计合理的健康方案可以帮助美国国民保持生活独立性和生活质量。2004年，只有27%的65到74岁的人口和16%的74岁以上的老年人有在空闲时进行常规锻炼的习惯。缺乏锻炼让65岁以上的人容易遭受如下病痛的折磨：高血压（51%）、关节炎（48%）、心脏病（31%）、癌症（21%）和糖尿病（16%）（Administration on Aging, 2005）。图1.3描述了年龄增长和各种自理能力之间的关系。在无外界干预的情况下，美国85岁以上的老年人人口比例意味着不能自理的人群在扩大，这会进一步导致护理费用提高。成年人健康方案应当注重通过增强耐力、灵活度、平衡性和肌肉力量来达到提升自理能力的目的。

在美国，不健康的生活方式对儿童健康

美国

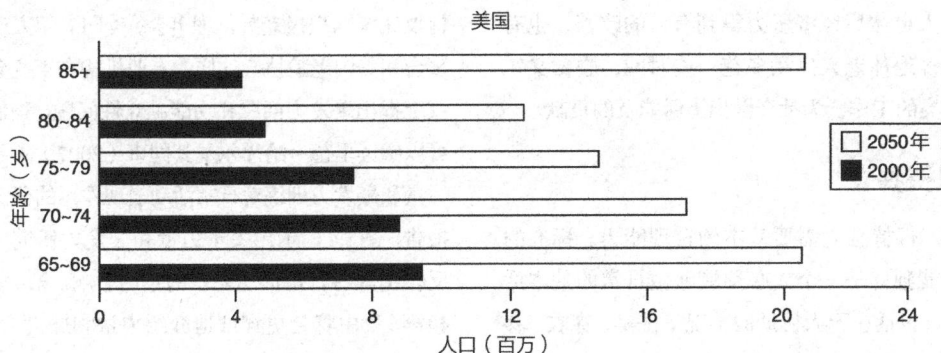

▶ **图1.2** 2000年和2050年（预计）美国65岁以上人口数量
源自：U.S. Census Bureau, International Database.

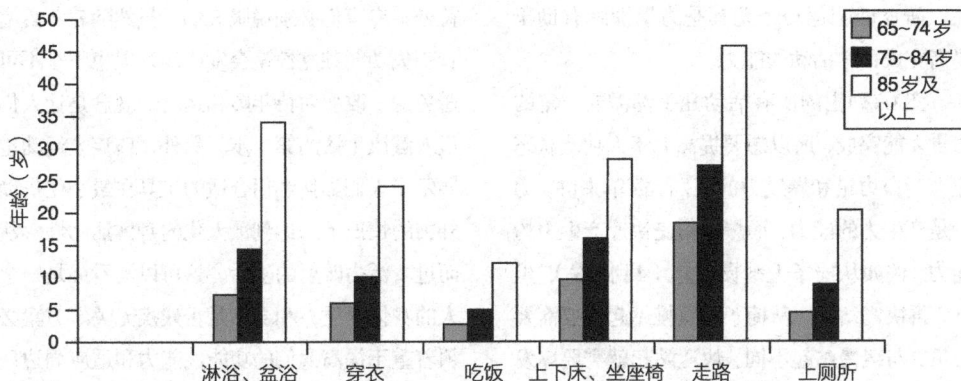

▶ **图1.3** 2003年老年人日常活动能力比例表（受访者为在家居住的65岁以上人群）
源自：U.S. Administration on Aging，2008.

的影响超乎想象。像糖尿病和心脏病这种我们一直认为和年龄有关的疾病，目前已经在缺乏锻炼的儿童群体中频频出现。但对老年人来说的好消息是，这些疾病都可以通过积极的生活方式来预防或管理。

## 保持健康活力

在过去的20年里，美国政府和医疗部门已经预警了老龄化社会带来的可怕后果。然而，问题主要来自老龄化疾病而不是年龄增长本身。这包含了健康状况下降（如健康疗养系统的压力）、生产力下降（如责任减轻）和生活难以自理（如需要长期照顾）。如果有

着不健康生活方式（缺乏运动和营养）的人口数量保持不变，确实会爆发危机。然而研究表明，通过一些预防工作和健康状况的积极改变，我们可以帮助成年人一直保持健康的生活状态（CDC, 2007）。

规律运动和其他健康的生活方式有助于改进"健康状态"，让人拥有健康活力的人生。提高成年人的健康状态也可以有效减轻健康疗养机构因老龄化带来的沉重负担。其实在当下，这种情况较10年之前已经有了很大的改观，因为很多退休后的老年人，在身体允许的情况下，会选择继续从事自己的专业或者挑战一个自己感兴趣的工作。随着老

年人退休后经济压力得到有效的改善，也有很多退休老人愿意多花一些时间，去做义工之类的工作，为社会做出力所能及的贡献。

## 保持独立

保持独立需要基本的自理能力。标准的功能独立是一个人必须能够做日常的基本活动，包括在无人协助的情况下洗澡、穿衣、移动（上下床和坐座椅）、行走、进食和上厕所（Spirduso et al., 2005）。图1.3（第5页）显示85岁以上的老年人普遍丧失这些功能的独立性。研究证明运动，尤其是力量训练有助于提高完成日常活动的能力。

图1.3列出的所有活动几乎都需要一定的力量才能完成，所以想要提高老年人功能状态应当明白力量和爆发力的区别。简单来讲，力量是产生力的能力，而爆发力是快速产生力的能力。例如从椅子上缓慢站起（4到6次），坐下，再快速站起。从椅子上缓慢站起主要需要力量，与缓慢站起不同，快速站起就需要爆发力（例如力量和速度）。20多年来，研究人员和专家都知道力量训练可以改善身体功能，但所有的老年人都需要力量训练这一观点才刚刚被主流观念认可。最近的爆发力训练研究表明，爆发力训练甚至比力量训练更为重要。不过目前关于爆发力的这一说法还没有被健康专业人士接纳也没有被归入运动方案（Fielding et al., 2002；Hazell et al., 2007；Miszko et al., 2003）。

专业人士必须尽快将爆发力训练纳入方案，将单一的力量训练和爆发力训练转变为二者的结合。我们正处在一个急速老龄化的社会中，我们的一贯做法已经让从业者和老年人遭受了损失，不能让爆发力研究再没落下去了。我们可以与同事和客户讨论爆发力在功能性上发挥的作用，并跟进此话题的最新进展。我们可以

提议让国际积极老龄化理事会、美国老年人理事会和美国老龄协会这样的专业机构在年度会议上提出爆发力问题和功能独立性问题。我们可以阅读里德·哈泽尔及其同事（2007）关于力量和爆发力训练对日常活动表现作用的研究报告。图1.4揭示出关于力量和爆发力研究中反映出其对日常活动表现的不同影响。第4章和第5章中将会更详细地介绍力量和爆发力，以及他们的使用策略。

改进功能状态需要的不仅仅是正确的方法——人们应当自觉参与进来才能体会其中的益处！专家们必须说服人们，虽然随着年龄增长丧失功能独立性是会发生的，但也不是不可避免的。改变对待年龄和运动的观念是让人们迈入健康生活的第一步。另外，残疾人运动也展示了人们如何利用合适的工具在最小化借助外力的情况下，达到最大化的身体活动性，从而过着活力四射的生活。这可以被看成是一个人的身体素质，和身体是否残疾无关。方案必须着重于提高人们的功能性能力和适应周边环境的能力，与年龄无关。第3章会讨论到影响身体行为、功能性独立和生活质量的社会心理学因素；第4章将讨论让人们拥有健康生活的具体策略。

## 对待年龄增长的态度

媒体对年龄增长的固有观念惊人地守旧，而且不断强调年龄增长为外表带来的负面影响，比如皱纹和白发。以年轻人为导向的潮流也认为年龄增长是不好的，从而推动几十亿美元的抗衰老产业的发展。视觉和印刷媒体传达的负面观念让人们相信年龄增长有弊无利；但研究显示大部分成年人对自己的年龄是满意的（Administration on Aging, 2005）。

*Mature Mind, The Positive Power of the Aging*

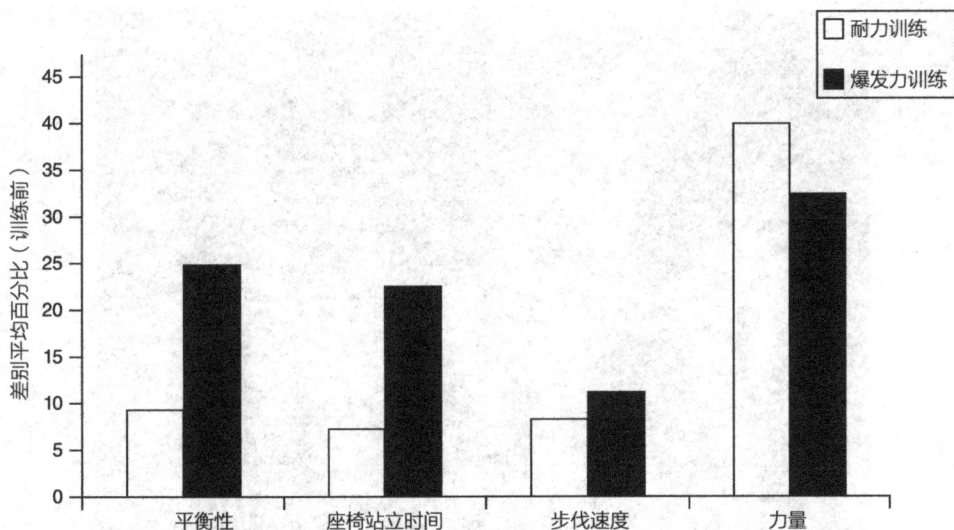

▶ **图1.4** 力量训练和爆发力训练对日常活动的影响对比

源自：T. Hazell, K. Kenno, and J. Jakobi, 2007, "Functional benefit of power training for older adults," *Journal of Aging and Physical* Activity 15：349-359.

*Brain*（Cohen, 2005）一文为年龄增长的积极方面提供了绝佳的例证资源。科恩博士是积极老龄化领域的先驱，他的脑部实验证明左右脑之间的连接随着年龄增长会不断提高，并促进了大脑的诸多功能。

大部分身体上的衰弱源自缺乏运动和不良的生活习惯，而不仅是因为年龄增长（Spir-duso et al, 2005）。其他的消极固有印象如社会性孤立、精神敏锐度下降、不在状态和沮丧，也主要源自不良的生活习惯，如缺乏社会性、情绪化和知性的投入。上一代人相信年龄增长等于衰弱并且为此做好准备，其实是受到明显的对年龄成见的影响。真正能够影响到我们对青春向往的文化（和这种文化驱动下的商业）是那些有自我意识的人群主导的，他们拒绝接受年龄增长不好这个观念，他们将年龄进行重新定义："是啊，我65岁了，那又怎样？"

尽管与上几代人相比，许多婴儿潮时期出生的那一代和他们上辈相比，已经对老龄有了不同的看法。但许多人仍然受到或明或暗的歧视老年人的态度和预期看法的影响，特别是在他们面临着巨大的健康挑战时。第3章透彻地分析了这些预期看法，并为克服其影响提供了一些策略。现在正值对"健康老去"的观念有巨大转变的时刻，而对人类健康水平的提升，以及健康产业的发展也正当其时，正好能引领这一转变。各种行业已制定的、用于不分年龄大小的解决身体功能性能力的团体和个人计划，将会在这个观念的转变过程中起到重要的作用。那些能够帮助成年人最大限度地发挥其身体机能，并且那些能够对老去过程中各种有利方面加以利用的健康专家们，将会供不应求。

## 挑战性和改变需要

成年人运动与健康课程必须满足不同人群的需求：即平时生活中较为活跃的人和平时很少运动的人。有些人相信只要正确地训练，任何事情都有可能，而另一些人相信年

格蕾丝·佛朗斯、玛丽·简·约翰逊和艾尔多·海利，年龄从66到80岁不等，正在蒙大拿登山

龄会限制他们的能力。其他改变则受到环境的影响。健康专家面临的挑战将是如何摒除我们传统文化中年龄带来的局限，满足参与人员的需求，并保证他们的安全。

## 健身需求

健康的体魄对维持身体健康和积极投入工作与娱乐活动有着重要的作用。因此，应当开展运动项目来增强整体素质，包括心血管、耐力、柔韧性、协调性、平衡性、灵活性，以及肌肉力量、爆发力和耐力。老年人的一些状况对于安全地进行运动是一种风险因素，例如关节炎、骨质疏松症、糖尿病、关节和肌肉功能障碍以及心血管功能障碍。不过这些状况也存在于有着不良生活习惯的年轻人当中。

有规律的锻炼和合理的营养，可以为避免以上这些慢性疾病提供重要的防护。健康专家必须提供方法，在不以年龄为基础的条件下，降低这些常见疾病带来的风险。接下来我

们划分出的5个层级的功能性能力将帮助你根据自身条件而不是年龄来制定相应的方案。

斯波多索在*Physical Dimensions of Aging*（2005）一书中，定义了功能性能力的5个层级，即无自理能力、体弱多病、有自理能力、身体健康和身体强壮。表1.1列举出这些定义，提供了每个层级的框架。

生活态度、个人信仰也会对身体机能产生深远的影响。无论是健康人士还是残疾人士，对身体机能的自我认知与感知能力，都会成为重要因素。在第3章中，我们会对此进行详细论述。表4.1描述了每个层级功能性能力水平需要达到的基本要求，并且也阐述了通过何种方式去辨别，以及如何通过设定项目的目标，来达到这些要求。

## 全身心健康

在本书的第1版中我说过，为老年人制定的方案中社会和情绪部分比年轻的成年人更重

表1.1 功能水平

| 分类 | 描述 |
|------|------|
| 无自理能力 | 不能完成全部或部分日常活动，包括穿衣、洗澡、移动、上厕所、进食和行走。需要依靠其他人的帮助才能完成进食或其他生活基本功能行为 |
| 体弱多病 | 可以完成基本日常活动，但是对部分或全部其他日常活动不能独立完成。需要别人帮助才能生存。一般是由于疾病或其他状况耗费大量精力 |
| 有自理能力 | 可以独立生存，通常存在没有消耗大量精力的慢性疾病。但是健康状况不是很好，这部分人如果生病或者受伤就会成为体弱多病的人群 |
| 身体健康 | 每周因为健康或娱乐目的进行至少两次锻炼，定期参加运动。这种状态下身体变虚弱的可能性会变小 |
| 身体强壮 | 每日进行训练，参加体育比赛，或者从事的工作对身体素质有较高要求 |

源自：W. Spirduso, 1995, *Physical Dimensions of Aging* (champaign, II: Human Kinetics).

要。我现在已经不这么认为了，相反，我认为这些方面的需求是完全个人行为，与年龄无关。一些人会寻求促进社交活动的课程；而有的人更喜欢专注于运动的课程，而把互动留给课外。然而，不管是什么年龄，在团队中进行活动可以改善活动的一致性和服从性。可以通过课堂的形式使参与者能够积极互动，构建团结的氛围。并且应该让学员投入到多重健康的发展之路（身体、心灵和精神）。详细方案见第4章。

美国国家健康研究所定义了身体、社交、情感、智力、精神和娱乐（或职业）方面的最佳功能。健康特指一个人的能力，包括态度、行为和个人信仰（Montague & Van Norman, 1998）。简·蒙塔古的6维健康模型在20世纪90年代的老年人生活产业中得到了广泛认可，这个模型也成为老年生活健康方案的标准。从图1.5可以看到，一个人的全身心健康都可以用6维模型勾画出来。

医疗模式认为没有疾病即是健康；健身模式认为身体功能无障碍便是健康。然而身心健康模式与上述两种健康的定义有着很大的区别。医疗模式主要针对出现的反应和问题，强调诊断和治疗。而身心健康模式更侧重于什么样的人才是身心健康的，而非关注身体

缺陷，并鼓励参与者能最大限度发挥其功能并参与到活动中。这种模式认为单纯的不得病并不是健康，很多体格健壮的人在其他方面却有各种严重的问题。相反，有些身体上有残疾的人却可以表现为高度的身心健康。

健康方式需要人们自发主动地维持积极的生活方式，而非单纯地做健康机构的常客。简·蒙塔古设计的身心健康良性循环（图1.5）展示了全身心健康的每个重要组成部分和每个部分之间的关系与连接。最终证明全身心健康是由内而外的，源自于自尊、自爱和自律。

懂得全身心健康中6个维度以及与身心健康的重要关系有助于在训练方案中进行多维度整合。运动课程是针对身体维度的，因此可以在其中添加至少一项其他方面的训练。例如在身体运动训练中加入情感维度的训练，在课程结束前想一些激动人心的事情。在课程中添加一些社交性质的协作活动：例如一起跳一支舞，或者让参与者在课上面对面站成一排。第5章会讲述如何在项目中加入多维度训练。第3章也会涉及关于调整自我的情绪、观念和期望的细节，以使老龄化的过程更加健康。

对能够解决整个人身心健康的项目的需求日益增多，这对于健身、老年公寓、健康

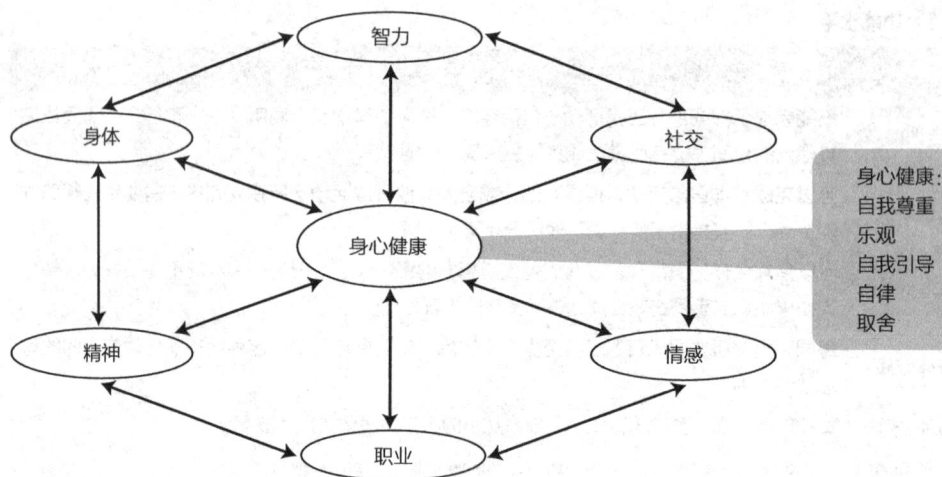

▶ **图1.5** 身心健康良性循环
源自：whole-person wellness Model © 1994, Jan Montague.

促进产业都带来了深远的影响，并对于积极投身于此的专业人士来说，打开了多条职业发展的道路。第4章提供了将全身心健康概念整合进身体锻炼计划的实用方法，第7章提供了在老年公寓的环境下，以身心健康模型为目的可以进行的活动。

## 全身心健康概况

以下描述了6个维度。

**身体维度**

身体维度鼓励参与体育活动以达到优秀的身体状况，包括身体活动、个人安全、自我治疗和合理使用医疗系统。这个维度更推崇健康的生活方式，不鼓励负面极端的行为。身体维度包括以下几个方面。

▶ 身材。

▶ 营养。

▶ 体重管理。

▶ 功能性能力。

▶ 健康的生活习惯。

▶ 安全。

▶ 健康检查。

**社交维度**

社交维度强调健康的人际关系的创建和维护，强调与他人或自然之间的相互依靠，鼓励追求家庭和社区之间的和谐氛围。社交维度涉及以下几个方面。

▶ 尊重自我和他人。

- 尊重差异。
- 与他人和环境互动。
- 建立和维护健康的人际关系。
- 提高自我意识。

## 情感维度

情感维度强调注意和接受个人感受。它反映了个人积极感受的程度，和对待自己、对待生活的热情。这个维度上包含了对自己无条件地接受，评估可能与不可能，发展自主性、应对压力。情感维度包括以下几个方面。

- 认知和表达感受。
- 管理压力。
- 解决问题。
- 管理成功和失败。
- 提高自尊。
- 认知个人期待。

## 智力维度

智力维度推崇依靠智力更好地理解和赏识自我、他人和世界。涉及创造性和理性思考，鼓励人们通过不同资源和文化活动扩大知识面和技巧。包含以下几个方面。

- 保持学习。
- 经常用脑。
- 创造性思维。
- 发掘新思想、新兴趣。

## 精神维度

精神维度涉及追寻生命的意义和目的，包括发展个人价值感和道德观。这个维度包括欣赏生命的深度和宽度，以及宇宙存在的自然力量。包括以下几个方面。

- 发现生命的意义和目的。
- 价值观、道德观、伦理观的形成。
- 自我决定。
- 感受到爱、希望和富足。
- 反思和沉思。

## 兴趣维度

这个维度强调通过有意义的活动，发现和获取个人及职业兴趣，鼓励设定个人物质目标。这个维度关系到如何创造个人和职业能力及发展的积极态度。包括以下几个方面。

- 生活充实。
- 积极参与到兴趣爱好或工作中。
- 认清自己的能力。
- 指定个人使命和目标。
- 学习新技能。
- 维持兴趣并发展新兴趣。

太极对全身心健康的很多维度都有好处

# 成年人健康：大局为重

改变人口结构，关注身体活动以防止得病，对老龄期待的转变，人们需求的变化和对身心健康的认知，这些全部都是让老年人健康市场蓬勃发展的原因。老年人可以通过参与健身产业、养老产业、社区卫生机构和老年人组织寻求身心健康。但想要保持健康，健康专家必须注意研究行为的变化规律。普查卡和马可（Prochaska & Marcus, 1994）首创的行为改变模型包括5个阶段的改变：思考之前（不考虑变化）、思考中（思考，但是未做好准备）、准备（收集信息、准备改变）、行动（参加项目、改变行为）和保持（持续改变）。行为研究进一步证明了只有20%的人准备好随时行动（如准备做健康项目）（Dishman, 1994; Benjamin et al., 2005）。

作为一个产业，我们必须摒弃传统的"筑巢引凤"方法，而是要把参与者当作健康项目的顾客。这个方法主要适用于准备行动阶段那20%的人群。我们必须向所有处于这个阶段的人提供信息和机会，让参与者成为其中的合伙人，而非顾客。第3章提供了改变阶段的其他信息，第3章和第4章都提供了帮助将这些概念整合进项目的策略。

## 健身设施：仍待开发的市场

老年人产业被看作是极具发展潜力的健身产业。但只有很少的传统健身俱乐部参与其中。他们不愿疏远18到28岁的顾客，很多公司只是开展了少数"老年人课程"，但都保持着面向年轻人的环境标准。身体功能和身体健康条件对运动能力和安全的影响远大于年龄产生的影响，然而很多设施还是针对年龄设置了限制条件。

传统健身器材主要吸引身体健康的成年人来改善健康和体型，让他们保持更佳的身体状况，或者是让运动员为参加比赛而进行训练。尽管将物理治疗方案纳入了商业模式，但其实大部分健身俱乐部都无法为身体虚弱者和残疾人提供健身条件。如果治疗师和训练师能紧密结合，将治疗运动变成一种生活方式，那这个模式将是非常高效的。

健身产业的一个重要变化是新开的健身房会特别注重满足不同身体条件的顾客，而非不同年龄段的顾客。这些公司注重功能性能力，积极解决顾客的身体和其他方面的需求。这种机构的规模一般都比较小，更个性化且能认识到发展对身体的自信和自我效能在身体活动行为中的关系。

## 养老院：身心健康的进化

10年前，养老院的健康项目还主要是一些常规的运动课程和健康管理活动，如医疗检查和血压检查等。运动方案主要是为了消磨时间，而活动设计者和参与者之间也很难相互接触。一些高级的养老院正在使用6维健康模型设计健康方案，包括身体、社交、情感、精神、智力和职业的全身心健康。

养老院的一个重要挑战就是跳出医疗模式，后者强调身体健康才是健康的最重要层面。另一个挑战是整合所有健康维度，让社区所有员工，无论他们的主要职责是什么，都投入到整体健康的环境中来。在养老院环境下有很好的机会让其中的人员作为健康事业的合伙人，而非顾客，参与到其中来。第7章将会举出详细策略。

## 社区方案和老年人机构

社区方案的主要挑战是为不同功能状况的人提供不同水平的方案。功能性能力的5个层级和相应的需求会帮助专家们提供安全高效的方法（第4章）。社区娱乐中心和老年人中心常关注身体健康。然而个别市场也融合了太极、瑜伽这样需要身心共同协作的运动。

像老龄管理局、美国老年人理事会和美国老龄化协会等老龄化组织，已经将他们的注意力转移到帮助老年人维持健康上来。疾病管理和预防方案得到广泛宣传，新的健康方案更能吸引全国范围的注意，老龄化组织将开始向全身心健康的目标发展。

## 身心健康领导者：调整和机遇

越来越多的人认识到在整个人生阶段维持活力的重要性，很多组织在努力确保人们可以参与到保持健康和积极生活方式的项目。这个市场的发展为健康促进和健康专家提供了挑战和机遇。

第一个挑战就是这个新兴产业该叫什么名字。*Senior Health Promotion*（成年人健康促进）

和 *Senior Wellness*（成年人身心健康）暗示了基于年龄划分的方案。但年龄只是其中的一个因素，对个人能力的影响远不如当前功能性能力水平、生活习惯、生活态度、期望和个人信仰的关系大。*Health Promotion* 并没有涵盖这个产业的宽度，也没有让人认识到健康的6个维度。迄今为止这本书里我用到了"成年人健康促进和身心健康"（Adult Health Promotion and Wellness）这个术语，这个词非常冗长。因此，在本书后面的部分，我所谈到的关于改善居住在社区和老年公寓的老年人的健康的努力，我会简化成"成年人身心健康产业"。

另一个挑战是判定参与者当前的功能性能力状况并确定参与者是否需要特殊制定方案。第2章提供了针对安全问题的医疗条件，并对存在视力障碍和听力障碍、严重的肌肉虚弱和平衡性受损的人群提供解决方案。同样重要的是帮助参与者树立自己的健康目标，并增加他们参加课程的动力。他们的原动力可能是保持功能性和高品质的生活，促进社交关系、保持竞争意识、改善精神面貌或独立完成某些事情。第4章提供了一些方法，可以帮助人们在简单的领域评估功能性能力。

将健康生活方式扩大到老年人市场环境中，专业人士将获得很多新机会。旅行和休闲产业已经体会到老年人市场发展带来的显著增长，增长最快的部分是面向活跃的人的冒险路线和健康度假套餐。能够在独特环境下为不同功能性水平的人们制定方案的成人健康专家，将会成为这个朝阳产业中重要的部分。

成年人也会参加体育竞赛项目，或对自己的身材有更多要求，因此会产生许多私人健身教练的需求。同时帮助练习者达到冒险旅行的身体需求，或提供保持身体处于最佳状态的设计方案的私人健康教练也将很受欢迎；另外，还有可以为其他专业人士传授定制化的运动方案的老师也都面临很多机会。健康产业中为不同情况的顾客制定不同方案的专业人士都会有很多新的机会。这些专业人士会发现这样做能够显著提高人们的生活质量，这是相当有成就感的。

人口状况和对待年龄增长的态度，促进了老年人健康产业的发展。老年人健身项目必须发展以满足不同功能状况的人的需求，而且项目的选择应当建立在功能状况而非年龄的基础之上。方案应包括身心健康的所有方面：身体、社交、情感、智力、精神和职业6个维度。老年人健康领域的专业人士必须与健身业、养老业、基于社区的方案、健康代理和健康服务组织协同工作，确保获得促进老年人全方面健康的即时信息。

1995年出版的本书的第1版着重于运动。第2版结合了我近年来的经验。为了使人的健康程度最大化，专业人士必须向所有对身心健康有益的事物打开大门。很多人仅通过"身体活动"这扇门永远也无法感受全身心健康方案。但是他们可能会通过关注情绪或者智力方面达到目的。任何一个方案，无论专注点在哪里，都可以达到多重维度的整合。

# 第 2 章

# 运动科学与功能性能力的改变

要安全高效地进行成年人运动，就必须懂得运动学原理。需要理解的内容包括运动生理学及其在体育训练中的应用，身体功能性系统及其之间是如何互相作用的，还有肌肉骨骼的结构及其如何与身体其他系统之间协作发起运动。有健康或医疗教育背景对运动科学的深入认识是很有帮助的。尽管没有太好的办法去彻底了解，但是仍有一些好的资源可以帮助我们打下坚实的基础。*Exercise for Older Adults*（Bryant & Green, 2005）和 *Physical Activity Instruction of Older Adults*（Jones & Rose, 2005）对生理学、解剖学和运动学的重要部分进行了清晰详尽的解释。

本章对运动科学原则进行了简要概述，为更深入的研究给出一个起始点。我们要在这个重要领域中不断探索前行。循序渐进拓展出的知识基础，会帮助你确认正在进行的运动是否健康有效。

除了运动科学的相关知识，本章还介绍了原发老化和外因老化的区别，前者指时间带来的结果，而后者是因生活习惯、受伤或疾病以及环境带来的改变。从前，我们对老年人心肺功能、神经、肌肉骨骼系统的功能弱化的原因归咎于年龄，但其实这只是外因老化的作用。最新研究表明，虽然伴随着原发老化会有一些改变，大部分功能减退还是源自缺乏体育运动以及其他不良生活习惯（即外因老化）（Bylina et al, 2006；Chodzko-Zajko, 2005）。

本章描述了对运动安全有影响的常见身体状况，如高血压、心血管和肺功能障碍、关节炎、骨质疏松和糖尿病。然后简单介绍了每种情况下运动需要做出的调整和深入研究的建议资源。最后本章描述了如何满足有旧伤和严重残疾的人群的需求。

# 运动生理学与衰老系统

运动生理学是研究运动中身体功能的一门学科。它为我们理解身体在休息时和运动时的功能性提供了基础，也让我们了解身体是如何适应体育训练的。运动生理学从细胞层面研究这些功能，帮助我们了解不同的新陈代谢系统。健身教练需要明白的一个很重要的原则就是因人而异。一般来说，这种训练原则指出生理适应性（如运动带来的变化）对运动过度的系统是特定的。例如，有氧代谢需要持续的氧气供应，因此，有氧运动必须在相对较长的时间内持续运动且不缺氧。另外，无氧代谢不需要氧气供应，是短时间内进行的快速、爆发性运动。以跑步为例，如果想要提高心肺耐力，就要进行持续有氧运动，如慢跑，让身体产生有氧代谢。想要锻炼速度和爆发力，就要进行无氧代谢，如冲刺跑。要享有积极高品质的运动生活，多进行有氧运动比无氧运动更为合适。

另一个例子是提高上半身肌肉力量，必须对这些肌肉进行抗阻锻炼（如举重）。在运动中使用上半身的低冲击有氧运动和其他运动在一定程度上提高了肌肉耐力，但是想要达到增强力量的效果，就必须对上半身肌肉进行负重或压力训练。

## 心肺系统

心脏系统由心脏和遍布全身的血管及血液组成。心脏是一块肌肉，通过有氧运动来训练时会越来越强健。强健的心脏就是一个高效的泵，只要很低频率的收缩就可以满足身体功能需要的血液供给。有氧运动同样还帮助血管维持必需的弹性并能够增加毛细血管的数量。血液通过血管流向毛细血管，分布到全身各个组织。

肺部系统由肺和呼吸道组成。从心脏出发顺着血管流入肺部的血液在肺部装满氧气（氧气来自呼入的空气），并通过呼吸道释放掉二氧化碳（呼气）。心脏系统和肺部系统协同工作为身体其他部位提供氧气，这称为心肺功能。

**随着时间的变化**

在老年人身上常会发生的心肺功能减弱与一些重要因素紧密相关。一个因素是氧气运输的减弱。这主要是因为肺叶组织活性降低、胸腔壁变硬和与呼吸相关的肌肉力量减弱造成的呼吸功能的变化。这种情况对心肺耐力的减弱有着重要的影响（Spirduso et al., 2005）。另一个原因是每搏量（心脏每一次跳动的供血量）和最大心率（一个人最快的心跳速度）的降低。人从20岁左右开始，每十年最大心率就会下降5到10次。最大心率的降低不仅仅和年龄有关，习惯性的有氧运动对维持心肺功能有重要的影响（Morgenthal & Shephard, 2005）。每搏量和最大心率的下降与降低心脏输出（心脏每分钟输出的血量）有关。最后，血压升高（血液对血管壁的向外压力）和其他血管相关的问题都与此有关（Spirduso et al., 2005）。再次声明，年龄是心肺功能改变的一个原因，但生活方式产生的影响更大。

**运动的好处**

我们已经知道常规有氧运动对心肺系统有着重要的积极作用，会减缓甚至扭转心肺功能的减弱，之前我们一直认为这种减弱只与年龄相关（Boileau et al., 1999；Spirduso et al., 2005）。有氧运动无论对年轻人还是老年人都可以提高呼吸功能，维持每搏量，降低血压。运动可以降低血脂，提高糖耐受力和胰岛素敏感度，从而降低动脉硬化和糖尿病发病的风险（Hornsby & Albright, 2003）。研究表明，随着年龄的增长，缺乏运动的人比经常运动的人氧气运输效率低得多。我们已经明确知道运动对维持有氧代谢和耐力有重要影响。应当注意的是，无论以前的身体活动模式是怎样的，现在的训练都会对心肺系统产生益处（Spirduso et al., 2005）。

## 神经系统

神经系统就像计算机一样工作，控制着身体功能。神经系统包括中枢神经系统（脑和脊柱）以及外周围神经系统（起源于中枢神经系统的神经分支）。神经分支不断细分，直到与肌肉结合。分支最末端的神经纤维附着在骨骼肌肉纤维上，并刺激肌肉收缩（Masoro, 1999）。

**随着时间的变化**

神经系统发送和接受身体产生的所有信号，并对这些信号做出反应。年龄对神经系统的影响非常明显。随着年龄增长效率会有所降低，处理接收、加工和传递信息过程的速度都会变慢。而且效率低下的神经系统更依赖反应控制（用反馈来指导行动），而不是预测控制（预测变化采取行动）。很多缺乏运动的人会逐渐失去预测控制能力，不得不依赖反应控制。这些变化和整合感官信息的能力一起降低了迅速执行力（Spirduso et al., 2005；Stelmach & Goggin, 1989）。

反应速度的降低实际上会对人产生重要的影响，因为很多工作的充分执行都需要快速反应，如开车、参加娱乐活动和防止摔倒（Morgenthal & Shephard, 2005）。所有知觉的退

化，如视觉、听觉，都会影响反应时间。反
应时间、行动时间、预测控制和知觉退化最
终都导致协调性、平衡性和敏捷度这些常与
年龄相关的能力的下降。不过身体活动对维
持神经系统的这些功能有显著效果。

## 运动的好处

常规的运动会减轻反应迟缓和行动迟缓。
史特尔马赫和戈金（1989a）、史密斯和吉利根
（1989）以及布瓦洛和他的同事们（1999）的
研究都表明通过练习，进行身体锻炼的老年人
比不锻炼的老年人反应速度要快很多。平时
不运动的老年人进行有氧运动，可以促进神经
和心理功能，如反应时间、视觉组织、记忆和
思想灵活性（Hall et al., 2001；Spirduso et al.,
2005）。最新研究表明身体运动是维持中枢神
经系统的有效方式（Christensen et al., 2003；
Hall et al., 2001）。

## 肌肉骨骼系统

骨骼系统包括骨头、骨头之间的连接部
分（关节）和将不同部分维持在一起的肌腱
和韧带。骨骼系统的所有运动都发生在连接
部分。肌肉系统包括肌肉和肌腱，它们提供
力使骨骼运动。所有的肌肉都附着在至少两
块骨头上，跨越一个或更多关节。骨骼系统
和肌肉系统的相互作用产生了肌肉骨骼杠杆
系统，并产生运动（Kreighbaum, 1987）。

如果将骨架看成一个木偶，肌肉就是上
面的绳子，这样会有助于理解这个杠杆系统
是如何产生运动的。试想木偶绳子如何通过
运动牵拉木偶的各部分（如将手臂抬升至平
行于地面）或者抵抗重力（如慢慢放下抬起
的手臂，而不是让其自然落下）。显然，绳子

无法推动木偶的部分产生运动；同样肌肉也
无法通过运动推动骨骼。肌肉只能做两件事：
（1）变短或收缩，通过自身运动对骨骼产生
拉力（向心收缩）；（2）抵抗其他外力，如重
力。第二件事情中，有更大的外力与肌肉的
收缩相抵抗，于是肌肉会延伸或提高抵抗阻
力（离心收缩）。

对这个系统工作的认识需要知道哪些肌
肉对身体哪些部分的运动负责。这些知识将
使你能够使用"重要的运动"来为参与者制
定运动计划。例如，股四头肌让人能够从椅
子上站起或坐下、行走和上下楼梯。要锻炼
股四头肌，你应该知道它负责的是膝关节的
伸展。创造其他抗阻伸展，如果在脚踝增加
负重，可以让股四头肌更加努力工作伸展膝
关节，这样会提高力量。同样，腘绳肌负责
屈曲膝关节（缩小角度），因此屈曲膝关节的
运动会用到腘绳肌。

## 随着时间的变化

肌肉骨骼系统的效率下降和很多因素有
关。肌肉力量、爆发力和耐力的减弱尤其使肌
肉纤维的数量、大小和种类减少，这一点在老
年人身上很常见（Brunner et al., 2007）。还有
另外的证据表明随着时间的流逝和缺乏训练，
肌肉纤维对神经刺激产生的反应会变慢，肌肉
反射也减慢（Brunner et al., 2007）。对于长久
不运动的人来说，从50到70岁，每年肌肉骨
骼系统会有平均1%到1.5%的损失，70岁以上
的人平均每年损失3%（Spirduso et al., 2005）。
即使在相对较小的肌肉群中，严重的肌肉质
量和力量的损失也会导致功能独立性的丧失。
如与脚踝力量相关肌肉的损失会增大摔倒的
风险（图2.1）。

指出，每十年灵活度（用坐位体前屈实验测试）下降15%。

最后一个与老年人的肌肉骨骼系统相关的因素是这个系统的结构整合度，这主要受骨骼重量和骨矿物含量的影响。男性和女性的骨质损失从30岁左右开始，直到50岁每年减少1%，更年期开始每年下降2%到3%（Spirduso et al., 2005）。女性的骨质损失率更高，这就是老年女性的骨质疏松和骨折发生率更高的原因。成年人骨骼健康主要取决于年轻时顶峰时期的骨质质量和中老年时每年的骨质流失率，这些因素受到性别、种族、激素、饮食、运动和体重的影响。

## 运动的好处

大量研究文献都指出运动对肌肉骨骼系统有促进作用（Hazell et al., 2003）。这些促进包括肌肉力量、肌肉耐力、瘦体重、关节灵活度和骨矿物质含量。

肌肉力量和爆发力、耐力都能通过训练来提高。有趣的是，肌肉肥大（肌肉尺寸增大）一般只发生在年轻人身上，老年人几乎没有。因此老年人发展力量可能主要源自激活运动单位（运动神经元及其激活的肌肉纤维）的增加（Spirduso et al., 2005）。最近几年，爆发力训练获得很多研究人员的关注。正如第1章提到的，力量是肌肉能产生力的总和，爆发力是肌肉瞬间产生力的综合（力量×速度）。爆发力与功能独立性息息相关，因为会影响到日常活动，如从椅子上站起，上楼梯、行走或在快要摔倒时身体调整都与之相关。爆发力训练对力量的提升与单独训练力量的效果相当，但是它对提高肌肉爆发力也有好处（Fielding et al., 2002; Hazell et al., 2007; Miszko et al., 2003）。第5章会对提高力量和爆发力的方案做详细介绍。

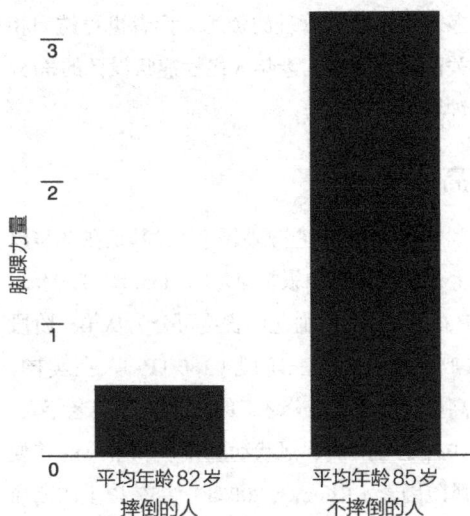

▶ **图2.1**　脚踝力量较好会预防摔倒

源自: Physical Frailty: A reducible barrier to independence for older Americans, 1990. National Institute on Aging.

最近研究表明，肌肉爆发力（快速产生力的能力）的损失比力量损失更快，且与功能性表现关系更大。因此，爆发力的损失对功能独立性有更为深远的意义（Hazell et al., 2007）。第5章会详细解释力量和爆发力的区别。

另一个减弱肌肉骨骼效率的原因是肌肉量的整体下降，整体肌肉量的下降会导致瘦体重（即除了脂肪以外，肌肉、骨骼、神经、皮肤和器官的质量）下降。瘦体重下降会导致基础代谢率（在休息时维持生命活动的最小能量需求）下降，并反过来增加身体脂肪储存（Spirduso et al., 2005）。

肌肉的弹性也会显著下降。这种下降主要与肌肉纤维弹力的下降和相关组织活力的下降有关（Holland et al., 2002）。另外，关节灵活度和稳定性与关节软骨、韧带和肌腱有关（MacRae, 1986; Spirduso et al., 2005）。在没有运动干预的情况下，70岁的老年人肌肉和关节灵活度会下降25%到30%（Elkowitz & Elkowitz, 1986）。斯波多索和他的同事（2005）的研究运动可以帮助防止肌肉肉损失，同时减少脂肪累积，帮助维持瘦体重和基础代谢率（Spirduso et al., 2005）。斯坦福德（1988）指出，一个人的身体脂肪程度与运动习惯的关系远比与年龄之间的关系紧密。即使是比较晚才开始的体育运动都可以给身体带来积极的影响。

有研究明确记录了常规的体育运动可以维持并提高肌肉灵活度（Holland et al., 2002）。还有研究记录，年轻人和老年人在进行相同训练时灵活度的提升是相似的（Smith & Gilligan, 1989a）。麦克雷（1986）阐述了参与一些简单并且循序渐进的训练方案，与参与略微激烈一些的慢跑和自行车活动时，灵活度的提升情况。

运动在维持强健高效的肌肉骨骼系统中起着关键作用，而肌肉骨骼系统是维持功能性独立和品质生活的必要条件。骨骼缺乏运动及其产生的力量缺乏是骨骼改变和骨质流失的重要因素（Spirduso et al., 2005）。当骨质流失到受一点小小皮外伤就会发生骨折时，说明整个肌肉骨骼系统已经严重受损。骨骼的这种虚弱状态叫作骨质疏松症，是老年女性骨折的重要原因（Bloomfield & Smith, 2003）。负重运动，尤其是抗阻运动有助于防止骨质流失，增加骨矿物质含量，预防骨质疏松症的发生（Hawkins et al., 2002; Spirduso et al., 2005）。

# 有特殊需求的身体状况

一些健康状况会影响到老年人运动的安全性，因此需要对这些运动方案进行修改以确保运动安全。接下来我要讨论常见的对运动安全有重要影响的情况。ACSM的 *ACSM's Exercise Management for Persons With Chronic Diseases and Disabilities* 是慢性症状案例的优质来源（Durstine & Moore, 2003）。此外，老龄管理局和美国国家疾病控制与预防中心也有很多对慢性症状管理的资源。读者也可访问相关网站观看专为老年人慢性症状设计的30分钟培训课程。

## 高血压

高血压在一些工业国家，尤其是在65岁以上老年人群体中很常见（Gordon, 2003; MacRae, 2005）。高血压的程度可分为从第一阶段（140/90）到第三阶段（180/110）。在美国，高血压折磨着三分之二的65岁以上的老年人，并且是心脏病、冠状动脉疾病和中风的首要风险因素（Rimmer, 2005a）。95%以上的高血压患者没有明确病因，但是我们已知患有高血压的人得中风和充血性心力衰竭的风险远远高于血压正常人群（Gordon, 2003）。如果血压高于160，可以推断95%的人都会在心脏供血方面有困难。这可能和动脉弹性的减弱有关，会导致心脏收缩（排出）时阻力增大（Hagberg, 1988）。

### 运动的好处

老年人高血压患病率的逐渐增高与缺乏运动的生活方式的增多存在显著关联。研究指出耐力运动可以明显降低舒张压和收缩压（Rimmer, 2005b）。人们认为有氧运动对老年人的高血压有实质性的益处（Hagberg et al., 2000）。虽然通过药物介入可以达到与常规耐力运动相同的效果，但这会增加20%到60%的发病率或死亡率。运动的额外好处是，可以有效地减少心血管疾病相关的风险（Hagberg, 1988）。

### 运动修正

高血压人群在运动中的心脏反应依据高血压程度、用药情况和个体差异的不同而千差万别。由低到中强度的锻炼坚持一周3到7天，每次30到60分钟（40%到70%的最大心率），似乎非常有益。研究表明低强度的有氧运动似乎对降血压更有效，某种情况下，优于高强度的运动（Goldberg & Hagberg, 1990; Gordon, 2003）。低到中强度的运动可以降低血压，同时大大降低高血压训练者的心脏病患病风险。

等长收缩运动（无关节移动的强烈肌肉收缩运动）会增加收缩压和舒张压，因此不是高血压患者的最佳选择。抗阻训练类运动在其他领域表现出了显著的效果，可以适当采用（Gordon, 2003），注意低阻力高重复次数（至少20次）。如果一个人在抗阻训练时屏住呼吸，应强调适当的呼吸，以防止血压升高。确定病人是否患有高血压，如果有，是否在必要时用药物控制。更频繁地监控血压来记录运动对血压读数的影响。使用感知疲劳分级来监测运动强度，通过心率类药物在心率对运动的反应上的影响来评判。参见第4章获得更多关于感知疲劳分级的信息。

### 高血压药物

用于治疗高血压的药物包括 β-阻断剂、钙通道阻断剂和利尿剂。一些阻断剂通过限制心率来影响心脏反应；一些是血管扩张剂，可减少血管中的外周阻力；有些两者都有。因为 β-阻断剂人工调节心率，用药的锻炼人群必须学会准确地评估运动时感觉到的运动量。利尿剂会增加尿量，这可能需要限制用药锻炼人群运动课前摄入液体。鼓励所有的使用者在运动前后多喝水，以防脱水。

一些研究表明，β-阻断剂会降低长时间耐力运动的能力（Goldberg & Hagberg, 1990; Wilmore, 1988）。这可能会影响到一些适于高血压患者的有氧运动的持续时间。其他研究表明 β-阻断剂也可能对体温调节产生不利影响，使得这类药物对极端温度更加敏感

（Wilmore, 1988）。高血压患者在极端温度下运动，会增加心血管系统的压力，应该避免这样做。

心率类药物导致运动时心率计算变得不准确。使用心率类药物的人群不应尝试达到目标心率，而是用RPE监测运动强度。因此，健康用户也该使用RPE系统结合心率计算，以确保未确诊人群的安全。参见第4章获取RPE更具体的信息，以及监测运动强度的一些其他方法。

运动和服药的相关时间是一个很重要的因素。依据运动开始和峰值反应时间之间的远近，身体对运动的反馈也会有所不同。（如什么时候药效最佳）（Bloomfield & Smith, 2003）。进行正式的运动测试时，也要考虑这个因素。例如，训练者在服药后一小时进行运动，相应地运动测试也该在服药一小时后进行。要向你的参与者传达用药时间与锻炼效果的关系，药物和有氧运动时机的一致性越高，感知疲劳分级的精确性就越高。

## 心血管和肺部疾病

在美国，心血管疾病是导致残疾和死亡的主要原因（CDC, 2007）。许多老年人会表现出某种形式的心血管疾病，这是由遗传和生活方式等多种危险因素造成的。心血管疾病是一个广泛的术语，可以泛指多种心血管系统失调的疾病。肺部疾病与影响呼吸系统的疾病有关，包括肺气肿、支气管炎和哮喘。所有的心血管和肺部疾病都对运动项目有一定的影响，尤其是有氧运动。

### 运动的好处

运动有助于预防心脏疾病，同时也是从心脏病引起的功能性损伤中恢复的一个重要的方面（MacRae, 2005）。有过心脏病史的人

需进行心脏康复计划。通过医院设备，精准地监测这部分人群的运动强度以及运动后的反应。肺功能不健全的老年人也可以从运动中获益。经常锻炼可能不会显著增加肺功能，但它有助于减少呼吸道症状，并能减少与疾病有关的焦虑和抑郁。运动也可以提升一个人的日常生活能力（ACSM, 1991b）。

### 运动调整

中低强度的运动计划，更适合那些处于心脏病恢复期最后阶段的患者。然而，只有在医生的细心指导下，这些人才能参加有氧运动，医生必须确定合适的运动强度水平并监测参与者的进展。肺功能不健全者也必须调整运动的持续时间和频率，对呼吸加以限制。如果20到30分钟的连续运动不可行，两个10到15分钟的运动片段，甚至4个5分钟的运动片段可能更加合适（Durstine & Moore, 2003）。虽然持续时间必须进行相应的调整，运动还是很有帮助的，而且应该更受心血管和肺部疾病患者的欢迎。

### 关节炎

根据关节炎基金会的说法，"关节炎"一词意指关节炎症，是一种风湿性疾病。炎症以肿胀、疼痛、僵硬和发红为特征，在关节、肌肉和结缔组织中可发生不同程度的炎症。关节炎明显限制关节活动范围。它被认为是一种慢性疾病（也就是说，无法治愈），但可以通过适当的治疗方案加以控制。骨关节炎是一种渐进的、不可逆的关节炎，以关节面的关节变性为特征。它通常包括持续的不适和影响负重关节，如膝关节、髋关节和脊柱，通常开始于40岁以后。类风湿关节炎是一种常见的炎症性关节炎，可造成严重损害，通常影响许多关节。它包括急性发作的剧痛期、一般疼痛时期和不疼的缓和期。它可能发生在任何年龄，且更常见于女性身上（Minor & Kay, 2003）。

## 水中运动使我新生

贝芙患有类风湿关节炎。下文的文字摘录自她的一封信，其中解释了水中运动对她关节炎的影响："我花了两年时间，尝试各种药物，毫无效果。我以为要常伴轮椅了。那会儿，我和女儿一起生活，她碰巧参与波兹曼'青春永驻'（Young at Heart）项目。那无疑是我生命的转折点。6周后，我就不需要轮椅了。我以为痊愈了，就搬回了镇上，不幸的是，那里没有水疗项目。不到两个月，我又坐回了轮椅。我意识到了它将成为我生活中的一部分。我卖了房，搬去了波兹曼，成了关节炎水疗项目的常客。这种锻炼提高了我的身体机能，我能每周参加4天的锻炼。"

贝芙受到过挫折，车祸导致了严重的关节扭伤和其他背部伤病，这些迫使她缺席了近一年的课程。当她打电话告诉我说她终于可以再次参加课程了，一想起回到水中，重获力量和活力，她感觉非常美妙。她还减掉了由于无法锻炼累积的体重，并使关节炎有所好转。她说："这些课程就是我的生命线。"

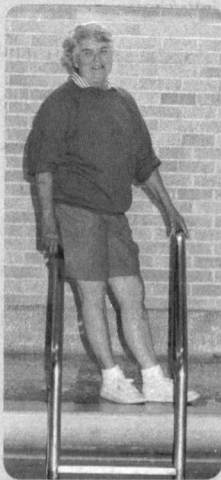

## 运动的好处

在美国，关节炎是导致跛足的最大原因，困扰着几乎4 300万成年人（CDC，2007）。骨关节炎被认为是一种变性的关节疾病，类风湿关节炎是免疫系统处理关节组织的问题而产生的炎症。两种关节炎都会影响运动安全。幸运的是，适当的运动对控制关节炎的症状有着积极的影响。经常运动能维持关节功能处于良好水平，使患有关节炎的人群保持自理能力。

## 运动调整

课程中，活动范围和力量训练都是为关节炎患者设计的。力量运动可以包括等张抗阻运动（轻重量或抗阻力，有关节活动）或等距运动（肌肉收缩但不移动关节）。这些类型的运动可以安全有效地提高力量，而剧烈（急骤或过度）的运动会加剧炎症并损伤关节。

根据关节炎基金会的说法，一个人在运动后，若运动引起的关节上的疼痛持续2小时以上，说明运动过度了。练习者必须学会认识他们的运动能力水平，在疲劳信号出现前停止运动。关节疼痛是给练习者的一个警告，继续运动可能会进一步损坏关节。在关节炎发作时，调整运动尤其重要。一些突发事件可能需要卧床休息，进行被动运动（他人帮助轻缓地按摩关节），并遵医嘱。

非负重运动，如水上运动、游泳、椅子上的运动以及骑行，关节炎患者都能耐受。此外，基于瑜伽和普拉提的锻炼计划也被证明对此类人群是有益的（Larkin，2007）。在设计运动计划时，难易交叉，可以减少疲劳。建议参加课程的人，优先考虑在课上进行运动，不要在课前消耗过多体力。需要强调的是，每个人在自己的能力水平上进行锻炼，才会达到更好的效果。避免使用可能导致关节畸形的姿势，例如在水上运动时避免紧紧抓住水上的物体或游泳池侧壁。最后，在运动给关节炎带来的益处和风险之间权衡利弊。例如，虽然脚踝负重，膝盖拉伸能够增加肌肉力量，但如果引起已受损膝关节疼痛的话，要停止练习。

## 骨质疏松症

骨质疏松症是一项重大的公共卫生威胁，据估计美国有4 400万患者，55岁以上人口占55%。在美国，每年大约有200万例骨折。2005，骨折发生率最高的是椎骨547 000例，腕关节骨折397 000例，髋部骨折297 000例。骨质疏松是指骨矿物质密度丧失。其结果是即便是轻微创伤，也会发生骨折。在50岁以上的成年人中，平均有24%的髋部骨折患者在1年内死去（CDC，2007）。健康的骨骼和骨质疏松症的比较如图2.2（第24页）所示。

导致骨质疏松的原因是骨骼元素的渐渐流失，随着年龄的增长骨骼的质量下降。骨骼质量下降较快多发于绝经期的女人，也会因生活方式而引起（如吸烟、酗酒、营养不良、缺乏体育锻炼）（CDC，2007）。虽然一些药物可以提高骨密度，但是由骨质疏松症状导致的骨架损伤是不可逆的。因此，在年轻时注意骨密度、防止骨骼元素的流失是非常重要的。最常见的防止骨质疏松的途径为药物治疗，补充钙质或加强体育锻炼（Rimmer，2005b）。通过对年轻女性以及绝经期的女运动员进行研究表明，雌激素可有效控制骨元素的流失，补钙与增强体育锻炼均可以成为辅助的治疗手段。

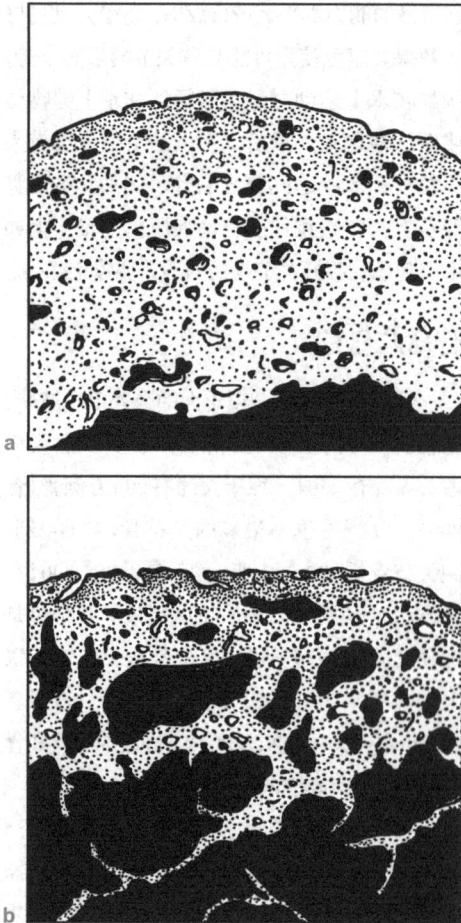

▶ **图2.2** a. 正常骨头；b. 骨质疏松症。黑色区域指骨质缺失

### 运动的好处

研究表明，缺乏身体锻炼会加快骨元素流失。报告（Smith & Gilligan, 1989b）中说，去除或减少肌肉及骨骼上的负重，会导致骨骼萎缩。骨骼萎缩的程度受骨骼在承重方面的正常作用的影响；如果缺乏身体锻炼，导致那些承受较大负荷的骨骼不再承重时表现出更迅速的萎缩。经常受力的骨骼部分，骨密度更大。例如，网球运动员的惯用手就有明显的骨肥大（Smith & Gilligan, 1989b）。

绝经后妇女易患骨质疏松症，因为骨质流失与雌激素的丢失有关。因此，她们是研究体力活动对骨质流失影响最常用的研究人群。研究表明，经常进行体育锻炼的女性会减缓骨元素流失，甚至会增加骨质密度（Goldberg & Hagberg, 1990；Spirduso et al., 2005）。其他的研究表明，当久坐不动的人，经常参加体育活动后，骨元素流失会显著减少，甚至骨密度会呈现增加的趋势（Smith & Gilligan, 1989b）。同样明显的是，当运动减少时，骨质密度又会继续流失。通过运动可以有效增强力量，保持身材，提高平衡性，这些都能加强功能状态，避免跌倒和因此导致的骨折（Bloomfield & Smith, 2003）。

### 运动调整

调查研究清楚地表明，要降低骨元素流失，锻炼必须负重（Rimmer, 2005b）。抗阻训练特别有助于改善绝经后妇女的骨密度、肌肉质量、力量和平衡性（Nelson et al., 1994）。预防骨质疏松症的运动还包括中等强度的负重活动，如低强度的有氧运动和健步走，避免急速或震动的动作。此外，一些姿势，例如，持久保持单腿站立，可能会使易受伤的骨骼处于危险之中。这种练习每次最多只能重复8次。对于那些处于晚期骨质疏松症的人，应完全避免单腿站立的运动。要认识明显的骨质疏松信号，如脊柱前屈（驼背），以及像臀部、背部和手腕等常见问题部位的疼痛。为骨质疏松初期阶段的人（通常是未确诊的）制定相应的课程是有益的。在为诊断为骨质疏松症的人员制定治疗计划时，应尽量寻求医生的帮助。

## 糖尿病

糖尿病是与身体无法正常代谢葡萄糖相关的病症。食物被人摄入后会变成葡萄糖，葡萄糖由血液携带供给细胞使用。胰腺分泌适当的胰岛素以将葡萄糖转化为细胞所能利用的能量。糖尿病患者无法生产或无法有效利用胰岛素（Hornsby & Albright, 2003；Rimmer, 2005b）。

糖尿病主要有两种类型。1型糖尿病即胰岛素依赖型，身体完全不能产生胰岛素（用于控制血糖水平）或产生的量少，所以注射胰岛素是必要的。2型糖尿病为非胰岛素依赖型，胰腺分泌胰岛素，但身体对胰岛素没有有效的反应，导致高浓度的葡萄糖依旧会留在血液中。糖尿病患者（1型或2型）更容易引发心脑血管疾病、神经损伤、肾衰竭、感染和视力问题（Barnes, 2004；Gordon, 1993）。

**运动的好处**

身体活动已被证明在减少注射所需的胰岛素量方面非常有效，并且提高了身体对胰岛素的反应的效率（即增加的胰岛素敏感性）。有氧运动和力量训练有助于管理血糖水平和增加胰岛素敏感性，还可以帮助人们保持适当的体重（Gordon, 1993；Rimmer, 2005b）。对每个人运动后的反应进行仔细监测，以确保为糖尿病患者制定安全有效的运动计划。

## 低血糖的预警信号

**1. 轻度低血糖反应**
- 身体发抖
- 神经紧张
- 心跳加快
- 心悸
- 出汗增多
- 过度饥饿

**2. 中度低血糖反应**
- 头痛
- 烦躁等情绪善变
- 注意力下降
- 精神错乱
- 困倦

**3. 严重的低血糖反应**
- 反应迟钝
- 意识不清和昏迷
- 抽搐

源自：N.F. Gordon, 1993, Diabetes: Your Complete ExerciseGuide. Cooper Clinic and Research Institute Fitness Series (Champaign, il: Human Kinetics).

## 运动调整

在开始锻炼计划之前，参与者要进行详细的医学评估。将安全放在优先级列表的顶部，遵循适当的锻炼方法，如适当地热身和降温。避免在没有保护措施的情况下或在不利的气候条件下运动。多喝水并了解即将出现的心脏并发症的警告标志。

指导参与者特别注意足部保护和鞋子的选择，以避免脚部血液流通的并发症。参与者和指导者应记住低血糖症状，并确保在低血糖事件发生时，有适当的零食。确保他人知道零食的位置。在开始新的运动形式或运动强度和持续时间发生较大变化时，参与者运动后进行12小时的血糖监测（Barnes, 2004）。

参与者可以通过监测运动前、运动期间和运动后的血糖水平来帮助预防低血糖。当血糖高于250毫克/升（1型）时，应避免运动；其尿液中存在酮类或血糖高于300毫克/升（2型）时，应该请医生帮助协调胰岛素的治疗方案，使得方案与运动计划相匹配，包括每天的运动时间和胰岛素用量、类型以及运动的持续时间和强度（Barnes, 2004）。提醒参与者运动停止后15小时可能会发生低血糖。*ACSM's Action Plan for Diabetes*（Barnes, 2004）和 *Diabetes：Your Complete Exercise Guide*（Gordon, 1993）是两本关于运动和糖尿病的优秀参考图书。

## 伤病和弃用

由于肌肉、肌腱或韧带的严重损伤，有些病人的关节会受到损伤。这种损伤可能发生在许多年前，受影响的肌肉根本就没有得到适当的康复。在大多数情况下，肌肉不再受损，但由于不再使用，肌肉会失去正常运作的能力。

一些人，因肌肉长期弃用，引起极度肌无力的功能障碍，这也是久坐不动的生活方式的特征。肌肉极度丧失而引起的功能障碍，在长期卧床或卧床不起的患病者中很常见。尽管如此，在大多数的损伤或功能障碍的情况下，适当的运动可以显著恢复受影响的关节或肌肉的功能。

碰到由于损伤而引起的功能障碍时，可由物理治疗师来判断哪类运动对于受伤关节和肌群是合适的。有了正确的运动方式，即使受伤多年，也可能增加参与者的功能水平。像一些被动运动或被动练习可能是有益的。例如，在第5章的椅子练习部分所描述的阻力带，可用于帮助受影响的肌肉完成运动训练的范围。

因长期不使用而出现的肌无力或肌肉萎缩这种极端情况，请寻求物理治疗师的建议。在这种情况下，关节会很不稳定，因为关节周围的肌腱和韧带缺乏韧性，通常会使保护关节完整性的肌肉组织也变得虚弱。错误的练习会给这个虚弱的结构造成难以承受的伤害。一旦物理治疗师确定了适当的运动类型，就可以帮助运动参与者以多种方式完成运动任务。

## 用药和运动

了解参与者服用的药物种类，潜在的副作用以及联合用药可能导致相互作用。药物对运动的影响与药物的数量和个体对药物反应的频谱各不相同，所以详细的讨论超出了本书的范围。有关更多信息，请参阅以下参考资料：里默（2005a）、美国运动医学会（1991a）、德斯廷和摩尔（2003）。让参与者意识到他们有责任和医生一起评估药物对运动安全性的影响。如果您对运动和特定药物的安全性有任何疑问，请寻求医生或药剂师的意见。另外，请注意，许多药物会影响感官知觉、平衡和协调性。因此，请按照第4章和第5章的指导方针，安全运动。

## 健康小结

　　要为成年人制定安全有效的运动计划，必须了解运动科学的原理和如何应用运动训练的概念。还必须了解原发老化和外因老化的区别。

　　你应该寻求运动科学方面的进一步知识，这样就有了背景和知识，以满足客户的功能减退或慢性疾病影响运动潜能和安全的需要。

　　虽然本章重点介绍健康的身体层面，但重要的是要保持健康的方法。与其专注于客户不能做的事情，不如专注于他们能做什么。寻求改进，使参与者能够实现他们的健康目标，而不是运动挑战。参见第3章，了解慢性疾病的生活，以及如何提高一个人对于安全运动能力的信心。

# 课程创建中的
# 心理学要素

为老年人创建高质量的课程，必须了解的不仅仅是身体方面的老化和身体活动。事实早已证明，信念、假设和期望可以辅助疾病的治疗，促进伤口愈合。现在，一个重要的研究文献表明，一个人对健康的看法能有力地影响身体和心理症状、健康选择行为以及最终的结果（Ray, 2004）。

有规律的运动能提高身体健康和心理幸福感，对自我评价、自我效能感等心理因素，以及对身体印象、情绪等有深远的影响（Spirduso et al., 2005；Umstattd & Hallam, 2007）。反过来，这些因素的改进可以提升感知能力，有助于更高水平的身体活动（Berger, 1989；Umstattd & Hallam, 2007）。虽然从身体活动中获益甚多，但令人吃惊的是绝大多数65岁以上的成年人，很大程度维持着久坐不动的生活方式（Armstrong et al., 2001；CDC, 2007）。

本章考察了老龄化和身体活动参与的社会心理因素，包括创造体力活动的动机和阻碍体力活动的因素。并且还提供了实用的策略，帮助专业人员创建课程，以积极应对这些因素。

# 理解心理概念

对自己的看法和如何看待他人对自己的看法，二者会深远地影响人们的行为动机（Benjamin et al., 2005；Semerjian & Stephens, 2007；Shephard, 1999）。以下因素会影响一个人动机的改变。

- 对行为的态度。
- 行为的标准规范。
- 参照某些人（例如医生、配偶、朋友）的想法，他们认为应该或不应该。
- 顺从动机（或逆反动机）与感知的愿望。
- 相信改变是积极的。
- 相信这样做会带来渴望的变化（She-

phard, 1999）。

期望、态度、主观规范和知觉行为控制是其他社会心理因素，这些因素与体育活动参与和结果相关。当谈及这些因素怎样结合会决定一个人的世界观、个人能力及社会地位时，我通常使用个人信念这个术语。

## 自我认知

自我认知受到一系列内外因素的影响。研究人员已经确定了自我效能、自我评价、自尊和自我认知密切相关（Spirduso et al., 2005）。每个因素在决定一个人的身体信心、社会能力、感知能力和感知行为控制（一个人对自己的行为有多大的控制力）方面起着重要作用。这些因素也会影响一个人对生活和环境是否乐观。当前正在进行的研究也在探讨积极心理学领域在老年人健康方面到底扮演怎样的角色（Coalman, 2007）。对自我和生活环境的认知会影响到一个人的身体活动行为。

- **自我效能**被定义为一个人在特定环境中执行特定行为的能力的信心（Umstattd & Hallam, 2007）。在运动行为方面，自我效能感指的是一个人克服运动障碍的自信心（Bandura, 1997）。许多研究发现自我效能是预测体育活动行为的关键因素，也是体育活动参与的积极结果（Cheung et al., 2006；Lucidi et al., 2006；Umstattd & Hallam, 2007）。一个人考虑参加一个锻炼课程将评估课程的组成，并评估自己是否能完成课程。只有确信能完成计划中绝大多数或者所有部分时，才会报名参加（Spirduso et al., 2005）。第4章为参加者提供了确保运动成功完成的具体策略。
- **自我评价**被定义为对自我的有意识的认识和感知。它包括对自我各个方面的感知和评价，包括智力、社交、情感、精神、职业和身体功能。自我评价发展变化贯穿人生的各个阶段，包括与他人比较以及对比自己不同时期的表现（Spirduso et al., 2005）。自我评价这个词经常与自尊互换使用。

■ **自尊**与自我评价有着非常密切的联系，它是一种基于评估和比较的自我感觉，是对自己的尊重和欣赏，也包括自我能力的感受和自我接纳（Semerjian & Stephens, 2007；Spirduso et al., 2005）。自尊是多维度的，所以一个人可以在生活的某一方面拥有很强的自尊心，在生活的另一方面却相反。

## 对老去和身体活动的认知

期望、态度、主观规范和感知行为控制都会影响对衰老和身体活动的感知。它们与自我期待交织在一起，也可以以此推测出身体参与的一些动机和障碍。

■ **期望**指一个人相信某特定行为的可能结果是什么。例如，一个人相信加强身体锻炼会导致某种结果（如减肥）就是他的预期成果。期望可以基于过去的观察和经验，从媒体或其他来源收到的信息，或简单的个人信仰。对老龄化和身体活动的期望，在决定健康选择、行为和结果方面起主导作用。期望的一个重要方面是期望结果值，由成果期望（如减肥）和他认为这个结果有多大价值两者相互作用形成的（Umstattd & Hallam, 2007）。这个价值会影响一个人承担某一特定行动方式的能力，涉及自我调节策略的发展，如目标设定、绩效和自我监控。

■ **态度**是与信仰和行为相关的有利或不利的评估。身体活动这方面，仅仅是基于经验或信念和期望，人们可能会对运动有积极或消极的态度。对衰老的消极态度是年龄歧视的主要成分，这种趋势集中在衰老的每一个消极方面。年龄主义被定义为基于年龄的歧视，包括3个要素：对老年人的偏见，社会或就业歧视，以及延续老龄定型观念的政策和程序，从而减少老年人在生活满意度和尊严上的机会（Chodzko–Zajko, 2005）。关于衰老的普遍的负面刻板印象和持续的负面消息，会阻碍老年人相信他们自己能够产生积极变化的能力，尤其是那些自卑和自我效能低的人（Dishman, 1994）。许多有功能局限或慢性疾病的人，并不认为自己具有正常的身体活动能力（Benjamin et al., 2005；Rasinaho et al., 2006）。

■ **主观规范**是对是否执行某一特定行为的社会压力的理解，它可以显著影响一个人的身体活动选择（Benjamin et al., 2005）。主观规范包括一种信念，身边重要的人赞同或不赞同此行为，权衡身边人的动机，遵守或不遵守他们的立场。卡曾斯（1997）发现，老年人的体育活动选择往往受到一个人对什么是与年龄相适应的行为的感知的影响。例如，身边的人可能会批评一个人想要重新健身是因为虚荣，或是重获青春的奢望。此外，家长式模式（医生作为最终权威）在医疗保健方面占主导地位已有数十年，这会阻止人们掌控自己的健康和幸福。

■ **感知行为控制**是感觉的容易度或困难度，与执行特定行为相关联，并受许多以上因素的影响。感知行为控制与自我效能感是行为意向的强预测因素（Lucidi et al., 2006）。就参与体育活动来说，感知行为控制包括关于身体活动的机会的信念，以及对此时机是支持参与还是阻止参与的感知（Benjamin et al., 2005）。例如，一个人可以确定要参加的运动课程，然后评估诸如时间和地点等因素，以确定参加有多么容易或困难。在上课前，可能还权衡了配偶对其上课的态度等因素。

理解期望、态度、主观规范和感知行为控制，可以帮助你了解客户参加课程的动机。这种理解也能了解到是什么让潜在客户开始行动并参与进来。

# 识别心理障碍

目前，健康促进专家已取得重大进展，可以识别和解决参与体育活动的一般性障碍，如交通、可行性、成本、环境、课程的质量以及人员。然而退休社区并没有这些障碍存在，大多数居民（通常高达80%）仍然不活跃。据报道，在美国，65岁以上的成年人有28%是完全不活跃的，65%的受访者未能符合美国疾病控制和预防中心的体能活动建议（Umstattd & Hallam, 2007）。我认为社区和老年公寓的参与率一直偏低是由于未能解决参与体育活动的心理社会方面问题（前面已讨论），以及将行为转变的理念应用到课程设计上的失败。

## 变化阶段

普罗查斯卡的变革阶段理论提供了对行为变化的观察结果。他表示，当采取新的行为时，人们要经历5个不同的变化阶段：思考前、思考中、准备、行动和维持。普罗查斯卡和马库斯（1994）的研究显示，当前行为不

太理想的人中只有约20%的人准备随时改变（采取行动）。在老年公寓中，参加体力活动的人数平均在20%到25%。社区生活中年龄较大的老年人经常参加体育活动课程的比例更小。

将变革阶段理论应用于体育活动的参与中，表明标准的健康促进策略在消除变化阶段的障碍方面取得了进展（准备参加课程采取行动的人）。但是对处于思考之前、思考中和准备转变这些阶段的人收效甚微。第33页概述5个变革阶段，并提供匹配每个变化阶段的运动计划的建议。有关更具体的运动计划方案，请参阅第7章。

## 个人信仰因素

为了驱动那些处于前3个阶段的人们行动（让身体更加活跃），我们必须考虑这些影响有关衰老和体育锻炼相关的个人信念的因素。代沟、性别歧视、衰老和健身的媒体形象会形成看不见的障碍，阻止一个人从久坐的行为转变为更积极的生活方式。了解这些，可以帮助我们解决或去除这些不利因素。

### 代沟

生命进程理论，指出人们过去的时间和经历的地方会影响他们的生活（Bradley & Longino, 2001），这为代沟提供了一个很重要的视角。生命历程塑造了人的个人信仰，虽然个人经历千差万别，体育运动方面却出现了许多重要的相似之处。

为了向处于不同变化阶段的成年人有效地传递健康信息，我们必须找出60岁以上成年人生活过程中的相似之处，并理解由此产生的个人信念会创造出怎样的视角。

例如，在节省劳动力技术出现之前，生活对人们身体素质的要求高得多，在工作和在家中（60岁以上的一代人），体力运动和必要的

## 变化阶段和匹配课程

研究员詹姆斯·普罗查斯卡（Prochaska & Marcus, 1994）指出，形成一个新的习惯或改变旧有行为会经历5个阶段（表3.1）。一个人的变化所处的阶段将决定什么建议最中肯和什么计划最合适（如增加体力活动）。

**表3.1 形成一个新的习惯或改变旧有行为会经历的5个阶段**

| 阶段 | 此阶段人的信念和行动 | 运动专家的帮助方法 |
|---|---|---|
| 思考之前 | • 不打算改变或不准备改变<br>• 可能不理解行为的后果或改变的好处<br>• 可能是抵触<br>• 可能认为消极行为的优点大于缺点 | • 提供信息或启发，激发兴趣<br>• 提供与个人相关的信息<br>• 使用桌面海报、传单和信息卡<br>• 在他们的日常课程中，给予在其能接受的范围之内的建议 |
| 思考中 | • 对于变化后的结果或优点有一定的认知<br>• 认为变化后好处与缺陷大抵相同<br>• 有意改变或想改变，但可能不知道从何开始 | • 在易于接受的场所，提供关于身体活动的信息<br>• 在定期进行活动的场合召开小型宣讲会（如午餐场所）<br>• 确定与个人相关的信息，从这个角度解决身体活动问题 |
| 准备 | • 已经确定利大于弊<br>• 有意做出改变<br>• 有一个6个月内改变行动的计划 | • 提供入门课程，包括幻灯片放映或客座演讲<br>• 提供资源，让人们自己尝试锻炼<br>• 组织一个讨论课，在老年公寓的电视网络上举办视频课程，在报纸上宣传栏目<br>• 尽可能地提供书籍、小册子、录像和其他活动机会 |
| 行动 | • 采取定期的行动（如上课，改变膳食结构）<br>• 感到身体在变强壮和生活得更好<br>• 复发风险最大 | • 定期上课<br>• 持续、容易地获得自我导向的机会（例如电台或视频）<br>• 强调目标设定并取得成绩<br>• 鼓励和加强持续不断的积极信息<br>• 提供鼓励谈话以防止复发 |
| 维持 | • 维持变化至少6个月（如每天步行，定期上课）<br>• 放弃了旧的行为，并希望防止复发<br>• 改变了生活方式的一部分 | • 继续目标设定<br>• 不断获得各种机会<br>• 给予加强和奖励<br>• 跟踪进展和改进<br>• 引进新的方案和机会 |

源自: J.o. prochaska and B.h. marcus, 1994, the trans-theoretical model: application to exercise. in Advances in exercise adherence, edited by r. champaign, il: human Kinetics, 161-179.

繁重体力工作两者建立了牢固的联系。坐着放松的时间被认为是对一天艰苦工作的奖赏。我听说许多老人表示休息和放松是他们"应得权利"这一信念，所以，对一些人来说，年龄是免于锻炼的最终"通行证"。不幸的是，现在很少人认识到，他们将为久坐的行为付出高昂代价（功能衰退）。

此外，60岁以上的成年人在工业革命时期长大，在那个时代中，人们花费了大量的时间和精力，寻找如何减少人们身体负担的方法。因此，许多成年人对于这一认知无法完全摒弃，认为体力劳动是不可取的，并且是可以巧妙避免的。此外，自动化和节省劳力的设备带来了戏剧性的、受欢迎的生活方式的改变，但只服务于那些负担得起的人。

自动化是创新而昂贵的，在赚取利润和减少体力消耗之间，建立了牢固的联系。在体力劳动者和做极少体力活的"绅士"之间，在家庭主妇和起主要作用的家庭佣人之间，就有了明显区别。这一代人开始用割草机，后来升级为电动割草机，并要发明更智能的割草机，当他们真的"造出来"之后，可以什么都不用做便有人替他们修整好草坪了。在这种不同的观念的影响下，体育锻炼是积极的这一观点很难被许多成年人接受。

### 性别歧视

我们鼓励男女都积极参加体育活动，包括开展剧烈运动和其他身体上有对抗性的活动。

然而，情况并非总是如此。传统的性别角色和性别偏见，给许多成年人的体育锻炼造成了或多或少的阻碍。

在70年代，女童和妇女被劝阻不要进行娱乐运动。学校规章要求女孩穿礼服（不适合玩耍），被认为适合女孩和妇女的运动非常少，也没有资助任何女性娱乐运动团队，女孩只是被当作男孩娱乐运动中的附属角色。当女孩首次被允许打篮球时，她们只能打半场。全场比赛被认为过于激烈，而剧烈运动被认为是最不女性化的和最有害的（对"虚弱"的性别来说）。很多60岁以上的妇女，当她们还是女孩时，因恐惧生殖器官受伤，被医生和家长建议避免剧烈运动。

运动对那些"易受伤体质"的人有潜在害处的观点，在很多成年人中普遍存在，即使那些相信运动有益的人也是如此。这种看法可能对身体虚弱的人或患有多种慢性病的人恢复健康构成重大障碍。目前的研究发现健康问题、恐惧和疼痛为最常见的运动障碍（Cohen Mansfield et al., 2003；rasinaho et al., 2007）。本杰明和他的同事（Benjamin et al., 2005）发现，身体虚弱的老年人看待运动受到主观规范的影响（例如，感知社会压力以执行或不执行给定的行为）。对许多人来说，增加体育运动的动机需要一个信念，如变化是令人满意的、可行的，并且在健康状况方面可以被社会接受。

年龄在60岁以上的男性，也可能有对于身体活动负面的观念。虽然男孩被鼓励比女孩

### 认知障碍

怀孕9个月时，我赶去上一节低冲击有氧运动课。65到75岁的学员们已经参与"青春永驻"锻炼项目十年了并且会亲自参与到活动中来。然而，他们感到震惊，认为如果我继续在这里运动会导致在课堂上临盆，或导致自己或婴儿受伤。这给了我一个重要启示，可以理解为"运动对身体是有好处的，但如果身体条件不允许，则可能是有害的"。

更活跃，但在一定年龄后，仅仅为了娱乐而进行的体育活动却被认为是浪费时间。一种普遍的态度是，一个有如此多时间和精力的人应该做点有意义的事情（Van Norman, 2004）。此外，可以想想50年代和60年代的媒体形象中，男人们下班回家，妻子送上小吃和报纸来迎接他们，并鼓励他们在安乐椅上放松，作为辛苦工作的回报。

许多年纪较大的人也把健身与他们在军营中所做的艰难的、激烈的和痛苦的锻炼联系起来，断定他们不想要任何练习，认为稍有点激烈的运动对自己都没有好处。

### 媒体形象与期望

在媒体对于健身的极端描绘下，帮助成年人改变对运动的观念变得更加困难。此外，不管是加强对衰老的负面期望，还是对成功老年人的狭隘刻画，这些媒体印象致使许多成年人难以相信自己有能力在一生中都保持健康和活力。

媒体经常把好身材描述为"形体美丽"，描绘出一个完全不切实际的与大多数人无关的极端理想化情形（与运动习惯或饮食无关）。健身被放置在一般人遥不可及的地方，不论年龄还是关于完美身材和青春形象的消费文化偏见，都特别贬低老年人。它产生年龄相关变化的负关联，并大力提倡一种信念，认为年龄变化是人们非常不愿意见到的事情（Bradley & Longino, 2001）。这种形象让许多人认为自己没有能力保持良好身材。

老龄化的传统媒介形象主要受极端主义的影响，丑化了老年人的形象，使他们在媒体上缺少足够的展示，并被边缘化（Krueger, 2001）。一个极端的特点是脆弱和依赖性强，这产生了关于老龄化的无休止的笑话，并将老年人描绘成没有活力、性冷淡、困惑和集

体拖累社会计划和经济的人群。更为复杂的是，过去进行的许多老龄研究都是针对那些住在养老院的人群，而不是那些独立居住的老人，这导致研究没有代表性。这种扭曲的研究样本明显过度强调了衰老的消极方面，并且认定大多数老年人将会变得虚弱和依赖性很强。这些描写是年龄歧视的基础，某种程度上降低了老年人对生活的满意度和尊严（Chodzko Zajko, 2005）。

另一个极端展示了"富翁"（富裕的老年人），在一些神话般的度假社区中营造出精致、健康、财务安全、休闲的氛围。他们被描绘为幸运的少数人群，通过卓越的基因、大量的金钱和闲暇时间逃避了老龄化的普遍后果。这些极端印象主导着媒体和我们的观念，尽管很明显，大多数老年人处于这两级之间的情况范围。消极刻板印象和成功老龄化的狭隘观点都会对老年人的自尊、身体形象和自我效能感产生明显影响。将标杆设置得如此之高或之低，都深刻影响着成年人对自己老去后可能或可期待的生活方式的期望值（Bradley & Longino, 2001）。

所有这些讨论的社会心理因素最终决定了一个人的健康信念、选择和行为，从而影响健康结果。健康专家能够理解和应用运动行为的社会心理因素，帮助课程制定人员让客户们拥有更健康的心理，以达到改善身心健康的最终目的。

## 应用心理概念

超过65岁的成年人是体验寿命极大延长的第一代人，但对许多人而言，它伴随着多种慢性疾病。他们享有自动化以节省劳动力，但也意识到了缺乏活动的后果。很少有人想要重返劳动密集型的生活方式，所以健康专

家必须将有意识的身体活动作为积极行动，而不是要避免的事情。幸运的是，在过去的20年里，大量的新研究驳斥了衰老本身就是导致功能急速衰退的原因这一说法。

在整个寿命期间（Spirduso et al., 2005），在保持功能独立性和生活质量方面，生活方式起主导作用。所以，健康专家必须教育成年人对衰老相关的身体变化的可控程度（第2章）。指导者还必须提供健康计划的多个切入点，通过阐明参与身体活动的动机和障碍，始终如一地坚持消除有关衰老的消极个人观念。

健康的6个维度（第1章）有助于吸引人们参与编制健康计划，通过打开6扇门进入这件事，我们称之为健康（即身体、社交、情感、智力、精神和职业）。有些人可能永远不会通过身体维度达到健康（如参加运动课）。然而，他们可能对专注于情感健康或智力投

入的项目感兴趣。所有计划都应努力采取多个维度，以便在健康的6个维度之间建立桥梁。健康站的概念是一个例子。健康站由张贴在墙壁上的材料组成，允许持续、自我导向的健康机会接入。每个站都展示了一个身体活动的机会，并扩展到另一个维度。举个例子，"起身迎接"（图3.1），解决了坐下和站立的功能任务（物理尺寸），还鼓励参与者积极寻求社会关系（社会层面）。

## 动机激发和目标获取

李和他的同事（2005）发现，不运动的人通常比运动员觉得身体活动障碍更多；人们不愿意运动有3大原因：害怕摔倒、懒惰以及担心运动带来的负面影响。拉西纳霍及其同事（2006）发现，有行动障碍的人更愿意以疾病控制为目的的进行锻炼，而没有行动障碍

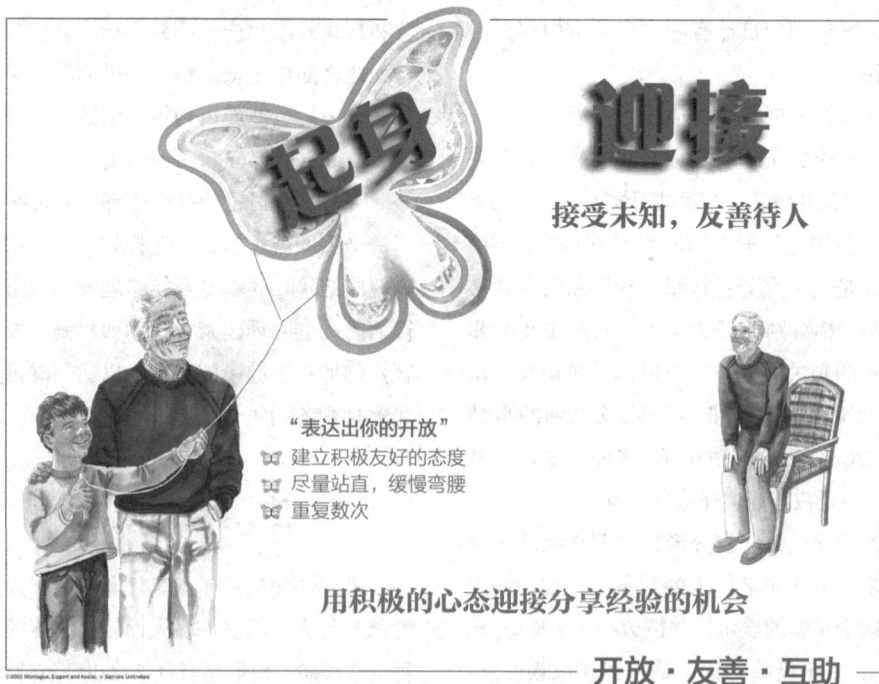

▶ **图3.1** 健康站示例

源自：Montague, Eippert and Assoc. +Seniors Unlimited.

的人更注重身体健康的改善。为了让更多人意识到体育锻炼是积极的，课程负责人必须了解共同的激励机制，并加强客户对体力活动的自我效能。

参加运动课程的触发事件是多样的，难以解释。然而，显而易见的是，老年人参与锻炼的触发因素千奇百怪。例如，有些人健康受到威胁（开始运动的常见触发因素），促使他们采取行动。而意识到同样威胁的有些人则把其作为运动障碍的触发事件，认为因为他们自己是不健康的，所以参加运动是不安全的。这个决定取决于很多事情，包括关于运动价值、积极或消极期望、自我效能和社会支持水平等先入为主的观念。

触发老年人选择参加身体活动一般有以下一个或多个原因。

- 将身体活动当成达到目标的策略。
- 参加身体活动得到了来自于社会的支持和鼓励。
- 相信自己能够顺利地进行身体活动（自我效能）。
- 积极地期望活动利大于弊（O'Brien-Cousins, 2001）。

参与者迈出第一步，参加第一个课程后，需要定期进行功能评估，帮助他们跟踪活动课程的进展情况。即使身体素质下降（如身材不会得到改善）时，积极应对课程的社会和情感因素也会提高继续活动的动机。社交圈子扩大、幸福感增加和对自我形象认知强化等这些心理上的奖励，可以成为参加身体活动强大的激励因素（Shephard, 1999）。简单的娱乐也可以成为一个目标，并能为上课提供动力。实现目标并获得奖励会提高自我效能感，这是锻炼行为的主要决定因素。

对于课程的参与者来说，为老年人组织运动课程通常会变成一种重要的社会支持资源。这种社会支持是参加运动班的重要动力，社会支持的增加有助于提高自我效能（Bandura, 1997）。

为了帮助参与者培养积极的体育运动期

课堂上学员的联系提供了社会支持

望，指导者必须确保活动可以满足需要，并考虑可能使运动者面临受伤风险的因素。这需要通过持续监测运动强度，并提出针对特定条件的运动方案调整。指导者还必须确保运动成功，以支持参与者的自我效能。

## 自我效能与运动行为

行为研究显示自我效能为运动行为的主要决定因素。锻炼的自我效能与是否有能力完成锻炼并达到预期效果有密切关联（Bandura, 1997）。自我效能是一个强大的行为预测因素，那些认为健康主要由生物学因素决定的老年人，大部分比较懒惰，而那些认为健康受到积极行动影响的老年人则表现得更加活跃（Bandura, 1997）。

事实证明，强烈的自我效能感，在灾难性病发中，有助于身体和社交关系的康复。事实上，自我效能作为重大伤害或疾病后积极生活的决定因素，其作用大大超过了身体能力（Bandura, 1997）。显然，一个人相信能通过采取行动影响自己的健康的信念在体育运动的选择方面发挥了非常大的作用。

怀斯和特鲁尼（2001）的研究提供了关于提高自我效能的重要信息。他们评估了4种信息来源对自我效能感的影响。

- 掌握经验（主动完成任务）。
- 等价经验（看别人完成任务）。
- 言语说服（被告知可以完成任务）。
- 生理状态（生理反应的变化，如心率和呼吸，可以表现出任务准备程度的信号）。

证据表明，这些来源中的每一个都能够强化或削弱自我效能感。研究人员发现，任务的成功完成比任何其他单一来源更能提高自我效能。单纯的言语消息对自我效能影响最小。而成功执行任务后的特定的反馈会促进自我效能最大程度的提高。确保所有参与者的运动成功，识别和复习目标都可以作为提高自我效能的策略，同时，这些信息也可以起到推动自我效能提高的作用。

# 一个新模式

传统的"筑巢引凤"的计划创建模式可以确保有动机的人有机会参与适当的活动，但并没有帮助绝大多数老年人变得更加活跃。为了增加参与度，健康专业人士必须让老年人成为健康的伙伴，而不是健康机构的常客。可以利用动机和顺应性研究指导锻炼计划发展。

动机和顺应性研究强调了基于功能而不是基于年龄的运动方法的需要。它也支持针对个人化需要的锻炼课程，不管人们对运动的态度、对老去的看法、变化所处阶段，或认知的局限性如何。最后，它强调了面对面的重要性，这不仅是身体上的需要（即全身心健康），还可确保运动中的成功、安全和乐趣。健康专家必须意识到。

- 衰老的负面刻板印象和媒体形象是怎样影响健康信念、行为以及对健康状况的认知。
- 理解个人对体育运动的信念会对所有运动方案及其信息有重要的认知影响。
- 设计个性化的锻炼计划和计划信息，不管他们对老龄化和身体运动的看法如何。
- 将健康的多个维度融入所有的锻炼计划中。
- 使用社会心理和行为改变等概念来增强老年人运动的动机和坚持。
- 将信息展示出来并给人们尝试的机会，不仅是对已参与的人，还有更多未参加的人。

如何将健康和身体活动行为的社会心理因

## 力量增长113%

91岁的艾达·外斯在希伯来老年康复中心居住时参与了塔夫茨大学的力量训练研究。这个研究的被调查者年龄从72岁到98岁不等，他们进行了为期10周的抗阻训练。研究结束时，他们的力量平均增长了113%，步行速度和上楼梯的能力也显著提升（Fiatarone, 1994）。艾达在一次电视采访中表示："我本来觉得自己的生命已经基本走到尽头，但是我现在感觉完全不同了。"

素整合到体育运动计划中？"MOVE"项目就是这样的一个例子，接下来会具体描述。其背后的想法是，提供基于研究和现场测试的策略，使人们在身体机能变化的各阶段参与进来。它还可以解决健康的多个维度，并提供方法来帮助人们改变观念、信仰和行为。抗阻训练（力量和爆发力）是以下示例中使用的具体运动计划。

MOVE是motivation（动机）、opportunity（机会）、verification（验证）和education（教育）四个单词的首字母的缩写。引入一个新的运动计划是否能成功，每一个因素都起着关键的作用。以力量训练为例，**动机**是指帮助客户了解为什么力量关系到每天的基本状态，进而可以影响他们的生活质量。为了激励人们参与，在制作训练计划时必须考虑到代沟、性别、对衰老的态度和预期以及力量训练本身。能够持续获得可以进行抗阻训练的资源，这是**机会**。需要在不同的功能能力以及不同的健康维度上提供充足的机会。此外，还要创造机会使人达到一个阶段后可以继续挑战。**验证**指的是持续强化这一概念，抗阻训练是令人满意的、可行的、被身体健康的社会人士所接受的。它旨在使概念正常化，并影响主观规范和感知行为控制。**教育**涉及系统的方法，涵盖信息的传播，包括抗阻训练类的信息的传播，以及设计来用于改变关于衰老和

体育运动的个人信仰的信息的传播。**验证和教育**都可以通过信息、公告栏、研讨会、课程和强化概念来得到支持。

## 动机

到目前为止，大多数人至少意识到抗阻训练可以用于提高力量，但考虑到健康状况、年龄或性别等问题可能觉得不适用于自己，必须帮助每个客户了解抗阻训练与他的关系是多么亲密，如以下示例。

- 使用统计数据显示不训练丧失的力量。
- 可视化展现力量的丧失与功能独立性丧失之间的关系。
- 突出与显示日常任务的关联。
- 提供各级功能状态人员进行抗阻训练的积极榜样。

研究表明，50岁开始，每年的力量丧失约为1%，70岁以后，每年的流失速度大大增加，每年约3%（Spirduso et al., 2005）。不算一算，你不会觉得多。这导致60岁时丧失约10%，70岁时减少20%，80岁时减少50%。某些情况下，力量丧失速度更快，可能达到正常速度的4倍（Hazell et al., 2007）。参与者指出，丧失一半的力量相当于每天背着同等重量的人做日常工作。图3.2说明了逐渐丧失力量会影响功能独立性。

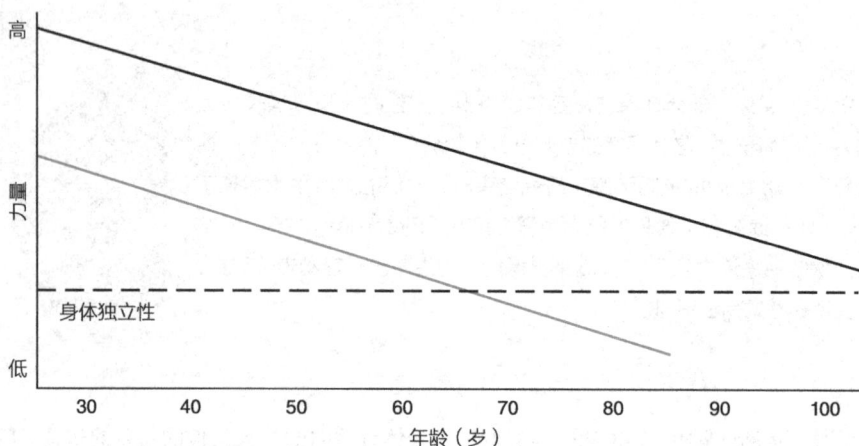

力量

身体独立性

高

低

30  40  50  60  70  80  90  100    年龄（岁）

▶ **图3.2** 力量与功能独立性之间的关系

为了使训练与个人关系更为密切，不要只强调抗阻训练是重要的，而要把力量和爆发力的研究直接与日常的功能任务联系起来。例如，对参与者说，身体强壮有诸多好处，如果你有以下感觉时。

- 用双臂支撑才能从椅子上起身。
- 很努力才能将杂货或物品摆放在货架上。
- 犹豫出行，因为你担心公共汽车、飞机或旅游景点的台阶。
- 以前容易的事现在做起来困难。
- 或想要跟上家人或朋友的脚步时，感觉容易疲劳。

大多数成年人不能想象失去如此多的身体功能将如何进行日常生活的活动，可是许多目前独立却久坐的老年人距离失去独立性仅需一两场远不至于残疾的伤病。为了确保个人相关性，请向潜在客户询问以下重要问题。

- 一年以后，你期望变得更强大和更敏捷；保持现状；或比今天更弱，动作更迟缓？
- 如果希望维持现状或有所改善，请列出您每天需要做的3件事情来确保结果（提醒他们研究衰弱下降曲线图表）。
- 如果你认为大幅度下滑是不可避免的，

那它是由基于个人信仰的期望、媒体印象还是规范导致的（分享新研究）？
- 你对预期的结果满意吗？
- 如果不满意，你愿意做什么来预防消极的结果？

## 机会

为了帮助更大范围的人，我们必须在健康的每个维度上提供机会，在功能能力的多层次上提供机会，并通过每个阶段的行为改变。有关健康的6个维度方面的更多信息，请参阅第1章（第8到13页）；有关功能性能力水平的更多信息，请参阅第4章（第51到53页）。第33页的"变化阶段和匹配课程"，概述了变化的阶段，并提供了匹配处于各阶段人们的需求的想法。

在简单的基础性功能练习手册和易于遵循的训练指导视频的指导下，潜在客户可以针对抗阻力带、脚踝重量以及手持重量进行训练。对于不喜欢参与集体活动的人，可以使用自我指导资源引领以到达变化的行动阶段。这些指导资源可以鼓励那些还在思考中和准备阶段的人采取行动。

例如，健康站（图3.1）和简单的基于功

能的练习（图3.3），可以张贴在公告板上或放在正在提供的新闻稿中。可以提供持续的简单的机会，而不需要人们采取特定的行动（如以自己无法接受的方式）参与。这些类型的资源对每个人都有益，尤其对处于思考之前、思考中和准备阶段的人来说特别有效。

另一方面，抗阻训练课程对处于行动或维持现状的人们也很有帮助。当参考自我导向资源时，学员们可以使用简单的练习，专注于基本的功能性任务，如从椅子上站起来、爬楼梯、走路和穿衣等练习。

其他策略包括定期提供各种类型运动的课程和短期讨论会，以便客户可以在没有任何基础前提的情况下尝试运动。运动可以在全天的任何时段进行，如饭前15分钟的小运动。我们也可以邀请学员参加无须任何基础的一般课程，这通常对于前3个阶段的人来说很重要。

## 验证

验证是指持续获取信息和机会。我们通常使用多角度的信息来验证开始抗阻训练这一决定是否正确或者提高功能性能力的方法是否可行。验证强化了讨论会和课程中提供的信息，鼓励如下观念的讨论，并将之常规化：抗阻训练对几乎所有人都安全有效。

可以设立桌牌记录力量、爆发力、功能的关键要点，也可以在公告牌上解决抗阻训练中的特殊疑问，这些都是行之有效的验证方法。

## 每周一练

### 防患于未然
维持腿部力量

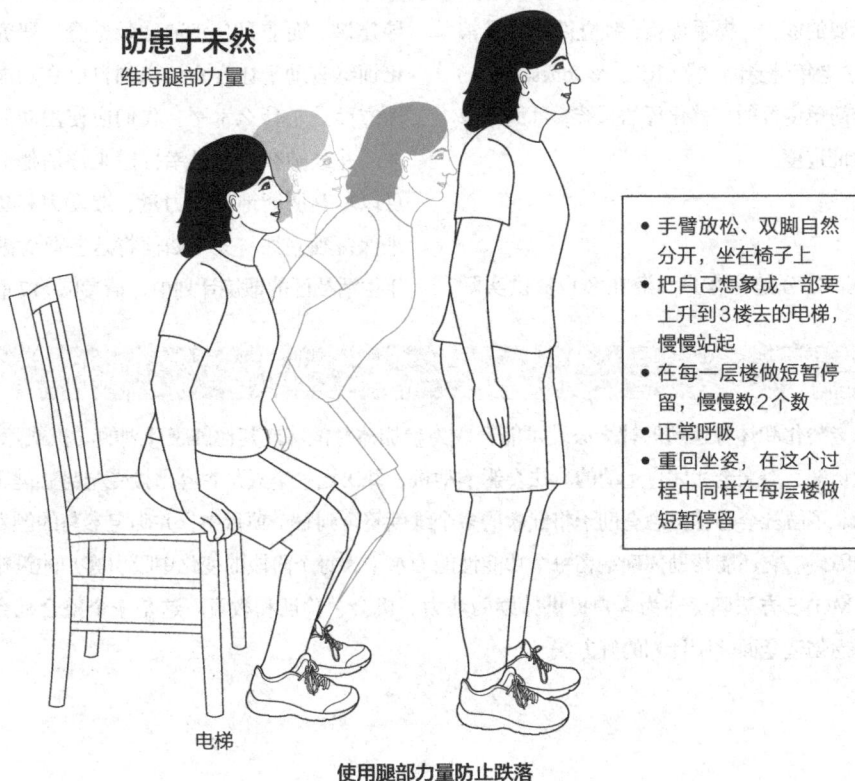

- 手臂放松、双脚自然分开，坐在椅子上
- 把自己想象成一部要上升到3楼去的电梯，慢慢站起
- 在每一层楼做短暂停留，慢慢数2个数
- 正常呼吸
- 重回坐姿，在这个过程中同样在每层楼做短暂停留

电梯

使用腿部力量防止跌落

▶ **图3.3** 在显眼处张贴简单易行的功能性练习
© Kay Van Norman.

每周和潜在客户沟通，内容包括文章、个人推荐信和基本功能练习等。这些沟通不仅能强化信息交流，而且可以向他们发出持久的激励参与邀请。除了持续提供有关力量训练益处的验证，还要寻找激励自我和提高幸福感的方法。图3.1中给出了例子（第36页）：一个人多次路过健康站，可能仅仅阅读标题栏或者看看其中的插图。一些人可能停下并阅读有关锻炼的积极肯定的说明。也许在路过健康站十次后，他们才会开始参与到体育运动中来。不管他们参与到什么程度，幸福要自己负责是毋庸置疑的。

衡量基本功能性能力，跟踪腿部力量和爆发力、平衡性、手臂力量和爆发力的提升情况，并对进行这些方面锻炼课程的前后进行评估，是验证环节的重要组成部分。强调运动会带来的积极变化，比如举起孙子并与其一起玩耍的能力，提手提箱，独立做一些日常任务。"老年健身测试"（Rikli & Jones, 2001）是一个简单良好的文档化评估系统，可用于跟踪和验证进度。

## 教育

教育部分是为客户和潜在客户提供实际

的应用研究，这些研究记录了抗阻训练与功能独立性之间的联系。菲达罗琳（1994）的研究中一个戏剧性的演示可以说明力量训练对几乎每个人来说都是安全有效的。她对72到98岁患有多种慢性病的疗养院人群的研究，显示他们的力量和功能在经过训练之后得到了显著提升。该研究的受试者都是高龄或有病痛在身，结果显示，经过力量训练，这些65岁以上有慢性疾病或身体损伤的老年人群，受伤率低于所处年龄组的平均水平。此外，哈泽尔及其同事（2007）在力量训练研究的概述中，表述了力量和功能之间有着重要的联系（图1.4，第1章）。

老年人不能提升力量和爆发力的旧结论已经被推翻。新的研究指出，老年人随着年龄增长而伴随功能丧失的原因在于错误的指导建议，而非只是年龄增长本身。研究个性化训练有助于让客户认识到自己在功能独立性方面处于什么水平。我们应使用功能性评估，并鼓励客户通过幸福感来评估他们是否可以尽其所能地提高力量、爆发力和功能性来保持独立性。关于如何将这些概念融入老年生活社区的锻炼计划中，请参阅第7章。

关于如何将这些概念融入老年生活社区的锻炼计划中，请参阅第7章。

## 健康小结

老龄化和体育运动的社会心理可能会成为参加体育锻炼或其他健康计划的动机或障碍。自我认知、对衰老和体育运动的看法会影响动机，并决定一个人是否容易接受全身心健康的概念。了解社会心理概念有助于将健康的多个维度整合到每个项目中，并确定参与的触发因素和障碍。它还能帮助你确定在每个功能性能力水平和每个阶段的变化中吸引客户的策略。

MOVE方法确保你为客户提供持续的动力、机会、验证和教育。这是一个整合社会心理概念创造全面健康计划的好方法。

# 第 4 章

# 课程制定指南

课程参与者的功能性能力水平和健康状况各不相同，并且处于变化的不同阶段，所以满足他们的需求需要注意许多细节。本章提供了实际的策略，帮助你创建最佳的学习环境，并解决运动课程中的安全问题。本节内容概述了如何开发一个全面的课程，包括高质量教学和良好的班级管理。本章还强调了使用全身心健康方法的必要性，并提供了符合幸福的社会心理学的组成要素。最后，本章讨论了健身课的主要组成部分，包括热身和恢复、有氧调理、柔韧性、力量和爆发力以及协调性和平衡性。

# 课程构成

教师、课程表、班级设置和音乐这几个重要的部分组成了所有课程的基础。关注这些元素，将帮助你建立一个满足目标人群的锻炼课程。

## 教练素质

教练是每一个锻炼课程的最重要元素之一。运动指导者必须把安全作为头等大事，并根据学员功能性能力匹配相应的锻炼课程。教练必须有心肺复苏（CPR）和急救方面的认证。如果游泳课不设值班的救生员，则教练需要额外的认证，如救生员或水上急救安全认证。

教练最好有体育教育或健康相关背景，对身体运动反射有着深刻理解。但是，如果你没有接受过这方面的正规教育，那么优质的运动认证课程也可以提供创建优质计划所需的信息。一个好的认证课程可以帮助你了解主要的肌肉群以及特定运动对应的特定肌群。认

证课程应确保学会如何编写适当强度的课程，并提供改善心血管耐力、力量、柔韧性、平衡性和协调性的指导方针。它还应提供基础急救和心肺复苏训练，彻底涵盖教练的安全和责任问题。在完成认证后，还应承诺继续教育，以确保你对课程制定的所有要素进行实际了解。如果这些信息对你来说比较陌生，请咨询体育专业人士、物理治疗师或处理身体运动的其他健康专业人士。研究你的材料，然后向这些运动专家请教具体问题，以确定你的理解是否正确。

老年运动认证已成为教授老年运动课程教师的行业标准，即使是具有体育和健康相关背景的老师也需要。这些证书为在特殊情境下指导老年运动提供了进一步的信息。美国老年健身教练的国家标准首次在 *Journal of Aging and Physical Activity*（Jones & Clark, 1998）杂志上刊发。最近，琼斯和露丝（2005）在 *Physical Activity Instruction of Older Adults* 附录中列出了更新的标准。另请参阅国际老龄化与体育运动协会的官方网站，免费下载完整的国际标准，现名为 *International Curriculum Guidelines for Preparing Physical Activity Instructors of Older Adults*。老年人体育运动指南的其他资源还有 *Guidelines for Exercise Testing and Prescription*（第8版）和美国国家疾病控制与预防中心的指南。合格的老年健身教练培训课程应符合以上这些标准。有些认证仅关注身体独立、健康的成年人，而其他认证则提供全面机体能力的训练。我们应当只考虑信誉良好的组织的认证。许多提供老年运动认证的公司是不合法的，快速在线进行老年运动认证是无法提供足够有价值的信息的。请参阅以下提供老年运动认证和教育的知名组织名单。

- 老龄管理局。
- 美国有氧健身协会。
- 美国运动医学院。
- 美国运动委员会。
- 美国健身专业人员与组织。
- 美国老年健身协会。
- 美国老龄化协会。
- 加拿大专业健身。
- 库珀学院。
- DSW健身。
- 国际老龄化活动理事会。
- 美国老龄人理事会。

- 艾尔伯塔省级健身单位。

运动教练是一项健康资源，但有些学员过于依赖他们了。我们应了解运动和其他健康相关领域的最新信息，但不要超越你的知识范围。课程参与者会在很多不同领域认同或反驳医生的建议，这种情况很常见。反驳医生的意见，可能会造成不可控的安全和责任风险。有关责任问题的更多信息，请参见第49页。

通过健康史调查问卷，你可以了解学员的特殊身体需求，但是了解学员本身也很重要。我们应该有意识地创造带有个性化环境

## 激励型教练

我花了几天的时间，穿梭于不同的课堂，询问学员喜欢看到教练具备什么素质。"热情"，琼如是说。"是的"，爱丽丝也同意。"我们需要课堂有意思，并能激励我们。教练也愿意和我们一起做运动，因为在泳池里，很难听到教练的指示，很多次都是教练在池边比画，我们照着做。"

"他们需要按正确的顺序执行计划"，米妮说，"慢慢开始，逐渐过渡到更难的有氧运动，最后要有放松的时间。"

"我喜欢教练走在游泳池周围，看着每个人"，琼补充道，"你知道他们在意你是否做得正确。"

热情和快乐地运动，在低冲击有氧运动中同样呼声极高。"在那些连起床都很艰难的日子里，我喜欢的教练就可以激励我去上课。"艾尔希说。"如果教练热情，我会很高兴地、努力地来到这里。课程结束后，我知道今天会有个好的开始。"

"我欣赏的教练会使用很好的音乐，并可以随着音乐律动。"诺尔玛说。

"持续激励，给我们好的练习的教练。"鲍勃补充道。

他们都完全同意这一点：只要投入足够长的时间，锻炼效果就会很好！

的课堂。在最成功的项目中，教学关系不仅是友好的，还应当相互了解，包括学员的家庭和个人爱好等信息。

在课前15分钟到达，这会形成示范效应，别人也会早到。这是了解学员的绝佳时机。预留出5到10分钟提问时间，或在课后互动。联系那些突然停止参加课程的人，看看他们的状态是否还好。大多数人会感激你打电话来确认他们的健康状况，并很高兴意识到他们被惦记着。

创建一个能够帮助参与者了解彼此的环境。在上课期间，应该鼓励学生发展一个新的社交圈子，这些朋友可能成为他们日常生活的一部分。这种教练和学员、学员和学员间的更私人化的氛围，和在课堂内部逐渐建立起的牢固的信任和尊重，将成为人们参与的重要原因。

## 课堂组织

高质量的指导，必须有好的课堂秩序与管理技巧配合。场所位置和课表设置，会影响到有多少人会来上课。学员到来后，课堂形式、音乐以及常规氛围，都会直接决定他们是否会继续来。这些因素中的每一个，对锻炼课程的成功与否都有重要影响，所以必须仔细设计方案。

### 课表注意事项

上午八点、九点和十点，是非常受欢迎的老年人运动课程时间，下午三四点也很受欢迎。因为在大多数健身俱乐部，这些时段都不是高峰期，这些因素都是参与健身课程的诱因。在夏季的几个月里，蒙大拿波兹曼的"青春永驻"提供了一个受欢迎的早七点课程，以适应参加者忙碌的夏季时间表。固定时间更重要：俱乐部应该每周提供固定的时间表。

除非学员都是退休人员，否则不要认为任何时间都可以。一个固定的周时间表，可让参与者形成运动习惯，并配合他们其他的时间安排。

应始终把课程放在同一个地点。大多数学生喜欢在熟悉的环境中放松身心，所以变化场地对课程不利。在一个地方运动，也可有效地使用公告牌或其他信息中心。观看有健康信息的公告牌、社区的健康机会、每日心得和时间表更新，将很快成为班级成员的例程。

### 课堂形式

有几种课程形式非常有效。标准的1小时效果很好，包含有10到20分钟的热身，20到30分钟的有氧运动，15到20分钟的恢复和拉伸。（参见第5章的具体练习）。初学者的课程用于热身、恢复和拉伸阶段的时间会更长。学员慢慢适应后，可以增加进行有氧运动的时间，一些热身时间可以用低水平的有氧运动代替。然而，需要始终保持至少10分钟的热身时间，15分钟的恢复和拉伸时间。缺乏适当热身和恢复的有氧运动可能会给学员带来健康风险，而课程中有相应的责任风险。

如果可以使用力量训练的机器和心血管锻炼设备（如动感单车、踏步机），请考虑使用90分钟的"站点"模式。例如，30分钟的热身（动感单车、步行、轻度力量训练），随后30分钟的有氧运动（水里或低冲击运动、阶梯踩踏、动感单车），然后30分钟的恢复和拉伸（太极、瑜伽、地板操、水上拉伸）。使用这种模式时，必须详细解释这些阶段（热身、健美操、恢复），并监控个人进度，确保学生达到适当的平衡。这种模式在维护社交方面，特别是群体凝聚力方面也面临挑战。可以将课程的一个阶段作为一组，比如恢复。

心肺运动设备是热身好选择

应利用可用的设备开发灵活的课程，也要花时间进行规划并与学员良好互动。

课堂的热身和恢复阶段将形成学员的良好社交互动。这个社交部分对课堂至关重要，是各年龄段人士继续上课的强烈动力。划定课堂时间用于交流，并指导提升互动效果。学员间围成一个圈进行热身或恢复活动，可以促进互动。我们追求的氛围是笑声充满课堂，学员自由交谈。如果可能，应提供一个地方让学生在课前或课后多交流，一起喝杯饮料，像在家一样轻松。

## 音乐

音乐在成功的运动课程中起着重要作用，所以要确保所选的音乐有助于参加者的整体体验。音乐应该是适合时代的，即学员可以联想到自身且感到舒适的。想象一下，一个全是大学生的健美操班，播放着20世纪40年代的音乐，或者在中老年学员班中，使用流行音乐打榜歌曲，都是很可笑的。这都会产生同样的结果——今天是一个缺乏活力的小组，而下个阶段这个教室可能空无一人。当你使用受学员欢迎的音乐时，他们会一起唱歌，回忆，真正享受上课时间。

但是，请不要只选择"过时的"歌曲；也可以播放流行歌曲。新歌老歌都可以尝试一下，看看大家的反应。然后询问学员们他们喜欢哪些歌曲。我们应寻找听上去愉快的，或是学员喜欢跟着唱的、有趣的歌曲。那些有助于有氧运动、更积极欢快的，或有助于恢复活动放松的歌曲都是不错的选择。播放的音乐你也要喜欢，因为这让你热情高涨。请参阅下一页，那里列出了我所教授的课程中一直很受欢迎的音乐清单。

选择节奏明显却不会压制人声的音乐；简单的乐器伴奏、中等音量，且歌词要易于理解。具有独特连续节奏的乐器演奏的音乐是另一个不错的选择，但避免选择那些旋律修饰过度的音乐，否则学员可能会跟不上节奏。

我们应调节好音乐的音量。老年课程中

## 音乐示例

以下是适合热身和恢复阶段使用的音乐。

- ▶ 麦克斯·拜格雷夫斯：一个音乐适合用于热身和拉伸恢复阶段的男中音歌手。
- ▶ 格伦·米勒：是个有诸多乐器的大乐队，其音乐适合热身和拉伸恢复阶段。
- ▶ 约翰·丹佛：一个音乐适合用于热身和拉伸恢复阶段的男中音歌手。
- ▶ 乔治·温斯顿：他的钢琴曲适合热身和拉伸恢复阶段。
- ▶ 马克·诺弗勒：电影《公主新娘》配乐，乐器演奏的舒缓的音乐。
- ▶ 雷·林奇：乐器演奏的适合热身阶段的音乐，特别是"*Deep Breakfast*"和"*Celestial Soda Pop*"。

以下这些歌很适合用于有氧运动。

- ▶ 麦克斯·拜格雷夫斯：他的某些歌曲，如"*Won't You Come Home Bill Bailey*"和"*Bye, Bye Blackbird*"。
- ▶ 赫·伯亚伯特：许多中速的乐器演奏的音乐，如"*Spanish Flea*"和"*Sen-timental Over You*"。
- ▶ 格伦·米勒：许多中速的声乐和乐器音乐都可选，像"*In The Mood*"和"*Chattanooga Choo Choo*"。
- ▶ 罗杰·米勒：中音，如"*Engine Number 9*""*England Swings*"和"*King of the Road*"。
- ▶ 百老汇演出曲，如"*Hello Dolly*""*Cabaret*"。
- ▶ 皇家爱乐乐团乐器乐队，"*Hooked on Classics*"系列。
- ▶ 曼哈顿秋千乐团乐器乐队：如"*Hooked on Swing*"。

有听力障碍的学生越来越多。助听器可以矫正部分人的听力障碍，但其他部分我们无能为力。这并不意味着你应该把音量调得更大！许多人不喜欢喧闹的音乐，也不是提高音量就能解决听力障碍。在大多数情况下，他们会紧张地听从指示，而喧闹的音乐只会让这更困难。因为助听器会放大包括不舒服的和刺激的音乐、噪声、混乱的背景等所有声音，所有这些都会使佩戴助听器的学生很痛苦。对于戴着助听器的听力障碍者，音调很高的乐器演奏或人声音乐都会让他们非常不舒服。我们播放音乐的音量要合适，且需注意学生的反应。还应经常询问他们是否能听到节奏，

以及他们是否想要调整音量。不久之后，你就可以轻松识别每个课程所需的合适音量。

## 安　全

为老年人设计运动课程，请优先考虑安全事项。许多慢性疾病的发生，都离不开年龄这一因素。包括冠状动脉疾病、高血压、心脏病、骨质疏松症、关节炎以及肌肉和关节功能障碍等，这些慢性病对运动安全有着重大影响。不参加运动的久坐不动的人患心脏病、中风、关节和肌肉损伤以及骨折的风险更高。久坐不动的老年人也可能在平衡、协调和力

量方面会有严重的缺陷，这会使得他们更容易跌倒。像视力或听力低下的感知障碍，以及影响深度知觉和反应时间的药物也会增加运动风险。

为了控制这些风险，我们应当把与运动科学和功能性能力水平相关的基础知识应用到运动课程的各个方面，制定对学员来说尽可能安全的计划。这些学员可能患有但未确诊的心脏病、骨质疏松症和平衡异常等疾病。我们应提供彻底的热身，仔细监测有氧运动的强度，并确保适当的拉伸恢复，让参与者有足够的时间在下课前从有氧阶段中恢复。在创建运动模式时，应权衡所选择的运动的益处和风险，以增强锻炼者在功能能力范围内的安全性。本章后面将详细讨论设计热身和拉伸恢复，监控强度和选择安全运动。*ACSM's Exercise Management for Persons With Chronic Diseases and Disabilities*（Durstine & Moore, 2003）中的优秀资源，适用于许多慢性疾病的合理调养。

## 环境风险

课程的任何环境危害，我们都需要考虑到。例如，在温度过高的室内进行有氧训练是不安全的。高血压患者身体过热时，心脏出现问题的风险会增大。如果学员变得脸红，大量出汗，或者抱怨温度太高时，这说明太热了！让自己的身体对运动反应保持敏感；这将提醒你学生过热的迹象。如果房间通风不良或室温不宜，请勿尝试有氧训练。

相比之下，房间太凉的话，学员在有氧运动前可能达不到充分地热身。许多久坐的成年人的肌肉、肌腱和韧带的弹性下降了，这增加了抽筋或拉伤的风险。室温过低的房间会显著降低这些学员的热身能力。如果你或你的学生在热身期间感到冷，并且有氧运动阶段后的恢复阶段快速而不舒服，说明房间太冷。如果房间过冷，学员运动后的恢复和安全拉伸是非常困难的。我们应注意运动场所的地面，找出并去除地板上的光滑的、黏稠或不均匀的斑点。对一些学员来说，摔倒可能意味着尴尬和瘀伤，但对患有诸如骨质疏松症等疾病的老年人来说，可能会造成危及生命的骨折危险。有关如何为老年人锻炼计划找到适当环境的信息，请参阅第7章。

## 将责任最小化

我们应关注与运动责任相关的所有问题，尤其是与高风险学员合作时。为了保护你和他们，应要求他们在开始锻炼课程之前咨询医生。掌握学员基本的健康信息，你将了解可能影响运动安全的一些健康问题。功能评估可以界定肌肉无力、平衡缺陷和最低耐氧水平，这些信息对于客户的安全至关重要。知情同意书（图4.1）应提出有关高血压、心脏病、糖尿病、冠状动脉疾病、骨质疏松症、关节炎、哮喘以及任何心肺异常和所用药物的具体问题。除非有特别要求，否则很多人会忽视这些重要信息。请注意，即使是签署了知情同意书，行事草率的话，也可能会受诉讼之苦。艾伦（2005）提供了与老年人运动课程教学有关法律问题的适当概述，包括风险管理、医疗紧急预防和应对、设施标准和公认的教学及护理标准。

我们应采访新学员，了解他们过去和现在的运动水平。给他们做简单的功能评估，以确定上下半身的力量和机动性、动态平衡和有氧耐力的基本水平。参考里克利和琼斯的*Senior Fitness Test Manual*（2001），进行简单的书面功能评估。学员会考虑如何选择运动类型和持续时间，以确保运动的安全性。针对这一

医生姓名_____ 电话_____

紧急情况下联系人_____

关系_____ 电话_____

你可以联系我的医生，如果需要　　　Yes_____　　No_____

已知所患疾病：

　　　心脏病_____　高血压_____　糖尿病_____

　　　肺病_____　癌症_____　骨质疏松症_____

　　　外周血管病_____　神经病_____

　　　平衡异常_____　其他_____

我目前服用以下药物，调节心率：_____

_____ 未服用_____

我目前在服其他的药物：_____

_____

_____

_____

**请阅读**

"年轻心脏"这一计划涉及一些发展肌肉力量、爆发力、耐力、有氧能力、灵活性、平衡性和协调性的锻炼。虽然鼓励每个学员按照自己的节奏去执行这些计划，但是与所有运动一样，它们也存在让学员受伤的风险。因此，在参加该计划之前，请咨询医师。

**公告**

我已经和我的医生讨论了"青春永驻"计划，并已充分考虑到我的年龄、健康、身体状况和医疗状况。我自愿参加"青春永驻"计划。因此，我同意参加"青春永驻"，因参与计划而导致的意外，伤害或疾病责任，我承担所有风险。

_____　　　　_____

日期　　　　　　　　　　　　　　　参加者签名

▶ **图4.1**　责任知情书样本

源自：K. Van norman, 2010, Exercise and wellness for older adults, 2nd ed. (champaign il: Human Kinetics).

问题，以上这些策略会帮助你向参与者提出明智的建议。这些策略还会使参与者意识到适当的运动强度的重要性，并鼓励他们设定特定的目标。我们还需每年更新筛选的信息，随时了解学员健康状况的变化，并定期重新评估以估计健康进展状况。

## 紧急情况应对

　　精心策划的应急计划是至关重要的。这个计划必须包括照顾伤病学员所需的所有步骤和寻求医疗帮助。课堂上遇到紧急情况时，我们向伤员提供护理的同时应请学员打急救电话。我们应将所有紧急计划张贴在电话旁边，而且要明显、高对比度、容易阅读（如，白底黑字）。参加水上运动课程时，学员可能不会戴眼镜，那么如何让学员发现就更为重要。

每个教练应该有上课的学生名单，包括有高风险医疗状况的学员的信息（该信息来自筛选表）。这将有助于教练和应急人员有效地处理突发情况。隐私法要求将个人医疗信息保密，因此请考虑在名单表上使用编码系统，并将其保存在手边。

课程要定期进行紧急计划演练，以便所有学员对课程有信心。学员要清楚知道在运动期间患有疾病或受伤的可能性，并且了解这种紧急情况有可靠且可行的计划。请保存课堂上发生的任何有关健康事件或事故的书面记录，包括日期和事件发生时间、受害人姓名和地址、疑似伤害事故、伤害或疾病详细描述，教练如何处理事件的详细说明，采取了哪些行动（例如，学员被送到医院，或送到朋友那里或回家），还有其他任何可以帮助你回忆具体细节的事情。

## 全面的课程

考虑全面的课程会专注于学员的功能水平和他们最迫切的需求。课程设计者必须通过权衡各种运动的益处和潜在的风险，来提供安全的运动。最后，该课程不仅必须满足生理上的需要，还应该积极发展幸福的情感和社交因素。

### 功能和需求水平

界定班级里学员当前的能力水平很重要。在 *Physical Dimensions of Aging*（2005）报告中，斯波多索定义了5个不同的功能水平：无自理能力、体弱多病、有自理能力、身体健康和身体强壮。

这5个功能水平概念确定了每一水平的优先需求，并提出了选择运动的建议（表4.1）。虽然有氧调节非常有益，但对于前两个功能性水平的人来说，这不是最高优先事项，他们应努力完成日常生活中最基本的活动。为了满足学员最直接的需求，计划应确保他们成功完成运动，并提供一个能够从一级上升到另一个级别的机会。无自理能力或体弱多病的人通过运动也可使心血管功能得到小幅度的改善。具体练习请参考第5章。

无自理能力或体弱多病的学员需要增强自己进食、洗澡、穿衣、如厕、移动和散步所需的力量、机动性、平衡和协调能力。当为他们创建课程时，请专注于能够改善基本的自我照顾的身体功能的那些运动。请专注于手指和手部的力量和机动性、手臂力量、肩部和臀部的运动范围、腿部力量、脚踝强度和运动范围以及脚趾的移动性等。

我们应评估完成功能性任务所需的特定运动的必要性，并围绕它们创建课程。例如，如厕时，从站立回到座位上和再次站立，需要足够的臀部、膝盖和脚踝的力量。腿部、臀部、手和手臂需要足够的力量和移动性，才能穿衣和脱衣。坐轮椅的人从椅子到厕所和回来，需要足够的上身力量。有关功能、需求和推荐活动的级别，请参见表4.1。

### 安全运动

课程将有一定功能性能力的学员与力量、平衡或协调性水平有所下降的学员（在某些情况下由于感官障碍会加剧）放在一起，会增加摔倒的风险。统计数据显示，老年妇女骨质疏松（骨质减少）是比较普遍的，她们骨折的风险比较高。因此，在陆上有氧项目

**表4.1　功能层次、需求和活动示例**

| 功能层次 | 需求 | 推荐活动 |
|---|---|---|
| **无自理能力：** 不能执行部分或全部的日常基本活动；生活起居基本功能需依赖他人 | 基本自理所需的力量、运动范围、平衡和协调性。<br>· 自己进餐<br>· 沐浴<br>· 穿衣<br>· 如厕<br>· 移动<br>· 行走<br>涉及臀部、膝、腿、踝、肩、臂、腕和手的全范围关节运动和力量。<br>运动速度。<br>踝关节柔韧性、足部移动力、手和手指的活力 | · 针对生活起居基本功能的椅子和椅子辅助练习<br>· 一对一的水上运动<br>· 一对一的力量强度训练<br>· 基于功能的上身和下身运动<br>· 协调活动<br>· 脚踝，手和手指的力量和灵活性上的运动<br>· 一对一平衡训练<br>· 一对一步态训练<br>· 身体和职业治疗<br>· 休闲娱乐活动<br>· 呼吸和放松<br>· 坐压健身球练习 |
| **体弱多病：** 可以执行日常基本活动，但不能执行独立生活所需的一些或全部活动。<br>可能会有导致身体衰弱的疾病，或每天都会对他们不利的身体条件 | 执行日常基本活动和日常独立活动所需的肌肉强度、力量、耐力；低水平的心血管耐力；关节活动范围；平衡性；协调性（例如，膳食准备、购物）。<br>教练注意事项：使用和无自理能力的人相同的练习，包括挑战平衡性和解决姿势步态异常的其他活动 | 以上所有针对无自理能力的人列出的练习，加上以下内容。<br>· 水上项目（如水上步行）<br>· 改编的太极拳和瑜伽<br>· 受监督的小组力量和爆发力训练<br>· 改编的娱乐游戏<br>· 坐着的舞蹈活动<br>· 每段为5分钟的有氧耐力椅上练习<br>· 步行 |
| **有自理能力：** 独立生活，通常没有严重慢性疾病的身体衰弱症状。<br>健康和健身储备低。<br>机能可能非常接近于独立生活的最低能力 | 肌肉力量、耐力和灵活性；关节活动范围；平衡性；协调性；心血管耐力运动以保持身体独立并防止疾病、残疾和受伤。<br>加强预防功能丧失重要性的教育；鼓励增加健康和健身储备。<br>教练注意事项：应考虑到在这个级别内的功能性能力范围。有些人还算健康，但许多人由于不活动而变得虚弱 | 上述活动加上以下内容。<br>· 椅子上的有氧运动<br>· 低冲击有氧运动<br>· 跳绳，广场舞<br>· 水中有氧运动<br>· 双腿游泳<br>· 步行课程<br>· 太极和瑜伽<br>· 循环训练<br>· 力量和爆发力训练<br>· 娱乐和体育活动 |
| **身体健康：** 每周至少锻炼两次，以获得健康、享受和幸福。<br>在工作或娱乐活动中通常都很活跃。<br>健康和健身水平高 | 肌肉强度、力量和耐力；关节活动范围；平衡性；协调性；敏捷度；心血管耐力。<br>预防受伤与恢复的信息。<br>保持健身水平的各种机会。<br>适当的运动强度和伤害预防以及治疗的教育 | 所有活动 |

续表

| 功能层次 | 需求 | 推荐活动 |
|---|---|---|
| **身体强壮：** 几乎每天都在训练。<br>可以参加体育运动，从事体力要求高的工作，或参加剧烈的娱乐活动。<br>通常非常积极地活动；非常享受健康和健身 | 肌肉的力量、爆发力、耐力；灵活性和敏捷度；高水平的心血管耐力；伤害预防和恢复的训练计划。<br>特定活动训练以提高期望部位的性能。<br>教练注意事项：帮助学员保持体能水平，为提高比赛或剧烈运动的成绩提供条件。对身体强壮的学员，你是一个督促的角色 | 所有活动 |

中，需要快走和突然改变方向的运动，可能会导致踝关节扭伤、绊倒和摔倒，这并不符合基本安全标准（利益 vs 风险）。

我们应仔细衡量每种类型锻炼或运动的潜在风险。我们应选择顺畅而不是生涩的动作，直接完成动作而不是断断续续或急始急停的运动。请使用低冲击运动，并且始终保持至少一只脚与地板接触，外加简单的运动模式。平稳、完整的运动减少了学员的关节压力和受伤的风险。在陆上运动课中，低冲击运动是老年人最合适的选择。高冲击运动对所有年龄段的伤害风险都明显加大，对提高运动效果收效却并不明显。光滑可控的运动和低冲击活动给力量、运动范围和耐力带来同样的益处，却不会给关节和肌肉增加压力。有关安全有效的运动序列的示例，请参见第5章。

除了使运动更安全外，成功完成简单的

运动课程提供了社交网络

运动和运动组合也会提升自信心和自我效能感。如果没有定期参加需要协调性的活动，许多成年人的协调性会有一定程度的下降。然而，快速变向和复杂的运动模式增加了学员的焦虑和摔倒的风险。这些活动也会削弱那些运动失败的人的自尊和乐趣。有关计划对提高自尊和自我效能的重要性方面的讨论，请参阅第3章。

对简单运动的需求，带来了一个额外的挑战，需要你提出各种有趣的运动组合、音乐和教学模式。我们应改变基本的面朝前的上课模式，采用站成圆圈、线或伙伴分组的课堂模式。这种不同的组合，增加兴趣并促进社交互动。我们还可以修改许多民间舞蹈，这不仅符合安全规范，也为课堂添加了大量的乐趣和社交互动。具体练习和运动模式见第5章。

## 社会心理方面

成年人对运动项目的情感和社会方面影响对其成功有很大的贡献。即使是成功满足学员锻炼需求的项目，如果学员的情感健康和社交互动没有得到解决，他们也可能停滞不前。

另外，专注于情感幸福和社交互动的运动计划，即使缺乏一些重要的锻炼成分，或是存在一些缺陷也会聚集更多的参与者。教练决定了班级的气氛，并负责建立多维度的幸福感。有关健康的6个维度的更多信息，请参阅第1章以及有关成年人锻炼计划相关社会心理概念的讨论的第3章。

### 课程提供社交联系

早上6点半，晨泳练习者们坐在长凳上聊天说笑，一起更衣，进行准备活动，这一般持续半个小时。这一组中的许多人，都是参加了6年的老同学。

当被问及是什么使她们坚持参加水上运动这一标准问题时，米妮说，"因为关节炎。如果不锻炼，我就几乎无法移动。""这让我感觉很好。"安妮说道，其他人也同意。当被问到为什么她们这么早来到这里时，她们彼此看着对方并咯咯地笑。"如果你早到，比较容易找到停车的地方。"琼说。她们早到有其他的原因，比如无须匆忙更衣，万一车子出问题，预留了足够多的时间来解决等等。然后玛丽说："当你和同一个人锻炼5到6年时，你就会对他们有所依恋。"海伦笑着补充道，"我们有许多事要聊，你在专心练习的时候就不能这样做。"大家微笑并点头，表示这种与她们所关心的人的社交互动，是她们出现在更衣室长凳上的真正原因。

## 社交互动

与他人的社会联系，是我在计划中提出的问题的前5个答案之一："为什么你要参加这个课程？"大多数参与者，期待着运动课堂作为他们一天中重要的组成部分。这是一个与相似爱好的人相遇的地方，是一个群体的重要组成部分。例如，失去配偶的人发现自己经常和配偶仍健在的老朋友一起玩，感觉社交聚会是生活的另一个支点。练习组的成员可以成为彼此独特的支持系统。拼车到课堂上，一起参加课前或课后的活动，以及课外社交都有助于扩大参与者的人际网络。此外，一般参与者知道，如果不上课，其他人会询问他们，并可能打电话给他们。对于独自生活的人来说，知道别人正在关注他们，这是练习组成员的日常社交的巨大好处。

我们应在每节课上留出一些时间进行社交互动，并积极促成学员的互动。有关这方面的想法和活动，请参阅第5章和第6章。例如让学生作为一个群体进行放松，诸如圆周按肩活动（第5章中的第97页），那是促进说话和谈笑的有效方式——这感觉很棒！

## 情感健康

在一个积极的、非竞争性的、有许多机会享受乐趣的环境中，成功完成运动有助于提高学员的情感幸福。我们应做出特别的努力，确保所有学员都能在课堂上取得成功。所有的学员都愿意相信，他们能成功地完成练习和组合练习，而那些对运动不太自信的人会感到焦虑。许多学员可能多年没有与他人一起锻炼，这可能追溯到小学。他们可能会担心跟不上课堂的节奏。如果课程的内容和方法又加强了这个想法，那么他们会确信自己没有能力锻炼。教练的工作是确保学员在大多数时候都能成功。

请避免复杂的组合和步骤。我们应使用简单的运动模式和易于跟随的节奏模式。请提供一个非竞争的环境，鼓励所有的人在自己的水平上锻炼，并且经常提供适应不同能力水平的调整。对所有的成就和努力给予积极的强化，看到学生表现困难时，请做出调整。

一种高效的教学技巧是，要有一个简单的"家庭基础"式的步骤。比如原地踏步，每个人都可以频繁地轻松完成。新运动前后的家庭基础式步骤，为每位学员提供了大部分时间都成功的机会，并提供了积极的练习经验。开始一个新的组合练习时，请面向课堂（镜像移动）并观察学员正在进行的操作，并在必要时返回到基础式步骤。放松的音乐可以增加学员的自尊，并提高成就感。

一旦学员觉得成功了，你就可以提出更多的挑战，比如模式更复杂的运动，其间可穿插一些简单的家庭基础式的运动。在运动和其他生活方面，挑战的成功都能进一步加强自尊和自我效能感，所以应鼓励人们面对其他的挑战。我们应始终关注挑战的难度，权衡所有运动的潜在风险以确保成功。有关老龄化的社会心理方面的详细信息，请参考第3章。关于如何影响运动和健康规划中的动机和依从性，请参见第5章具体的运动顺序。

# 健身课程的组成

运动课程应包括热身和恢复，以及尽可能多的其他健身部分。这包括精心规划和有监控的有氧调节，提升力量和爆发力的技术，以及提高柔韧性、协调性和平衡性的活动。当然，有些课程会更加专业化，比如力量和爆发力训练课程，但不管主要的运动构成是什么，都需要热身和恢复。

## 热身和恢复的重要性

热身和恢复练习旨在提供安全的过渡，并从更剧烈的运动中得到充分的康复。适当的热身和恢复，是管理运动风险的重要的安全预防措施。也是你和班级学员间建立社会和情感联系的好时机。在部分热身运动期间，可以使用圆形站队以便学员间有密切联系和友好交流的机会。在热身过程中，可以讲授简单的社交舞蹈和活动，帮助学员记住对方的名字，确保每个人都参与到社交活动中。

在热身和恢复过程中，指定时间与学生交谈并鼓励互动。在热身开始时，请用3到5分钟来确定上课的目标，让学生们自己也定一个目标。例如，教师的目标可能是让学生执行他们已经知道的简单的协调性动作顺序，最好用比之前稍快点的速度进行。学生的目标可能是进一步扩展一个特定的练习。在课堂开始时，这种方法可促使学员进行有意识的练习。

### 热身

热身的目的是让身体发热，并逐渐过渡到更剧烈的运动。适当的热身可以降低肌肉骨骼损伤的风险，提高神经肌肉系统和有氧代谢的效率。我们还应运用适当的运动技术，并且加强监测运动强度，为安全有效的运动做好准备。最后，热身应该使学员社交、情感舒适并互相熟知。

主动热身一般（使用身体运动以增加体温）优于被动热身（使用诸如热淋浴、桑拿浴或超声波等外部手段）。然而，在进行健身活动之前，可能会向患有严重关节炎的学员推荐热淋浴形式的被动加热。在确定热身的时间和强度时，应考虑到参与者的健康和健身水平，以及该运动的类型。

通常，10到15分钟的低强度连续运动和活动范围较柔和的运动，可以使身体独立的成年人达到良好的热身效果。请使用将参与者的心率逐渐提高到预定锻炼心率范围下限的一些活动（第58页）。高强度的锻炼，或者体弱或无条件的客户，请使用更长的热身时间（20分钟）。坐姿下手臂和腿的持续温和运动，对身体虚弱的学员来说是比较有益的热身活动。在非常温和的活动后，他们可能会开始出汗（内部温度升高的迹象），因此需仔细地监测反应。

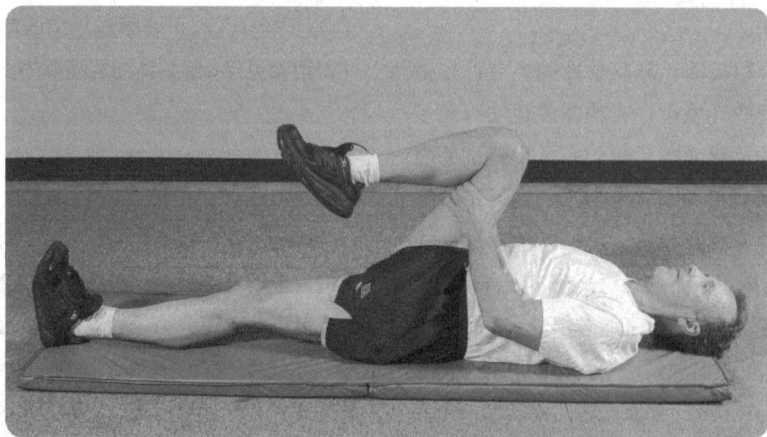

鼓励学员在垫子上拉伸

**恢复**

恢复的目的是缓慢降低体温、心率和呼吸到活动前水平。恢复是反向热身，可以包括许多相同类型的低强度连续运动。连续运动使肌肉收缩，帮助身体将静脉血从四肢返回心脏，以减少肌肉酸痛。适当的恢复也能预防与运动相关的问题，如头晕和可能出现在高危人群中的心脏跳动不规律。

拉伸、放松、加强社交关系、有意识地过渡到一天中的其他时间，是恢复的重要组成部分。计划足够的时间以确保适当的恢复，至少花5分钟活动使身体恢复到运动前水平，同时还需要至少10分钟的拉伸和放松。恢复的最后阶段应该包括加大运动范围的练习。正常的学员在垫子上进行拉伸，身体虚弱的学员在椅子上锻炼。逐渐减少连续性运动，开始从头到脚系统地拉伸身体的所有部位。在课程结束时，请结合放松策略，具体恢复顺序参见第5章。

所有参与者离开前，对他们进行最后一次脉搏测量或评估他们的感知运动水平，确保他们已经开始恢复。绝不允许参加者在没有适当恢复的情况下离开课堂。在没有完成适当的恢复前，阻止学员离开课堂。如确需提前离开，他们必须提前10分钟完成有氧活动，并在周围走动（或减少座位活动）直到他们的心率、呼吸和体温下降。如果有人意外提前离开，请助理或其他班级的学员跟随，以确定他是否安全。

## 有氧运动

考虑到老年人群有心血管功能障碍的可能性非常大，必须使用多种方法来确保参与者在适当的有氧水平下运动。安全有氧活动的关键在于认真测定和监测运动强度。为了监控有氧阶段，请计算每个学生的目标心率区，然后经常检查心率值。训练学生评估他们自己的知觉力度，并将其作为目标心率指南的指导原则。了解你的参与者，这样就会注意到他们的外观或行为是否有异常，并警惕所有突然的变化。

**确定运动强度**

参与者需要调节心血管来维持和提升功能，但是这些活动必须在安全水平下进行，即逐渐提升强度。这可以通过确定安全的、个体的目标心率区域和感知到的运动等级，并且让参与者频繁地检查他们的心率反应来实现。指导学生识别过度症状的迹象，如呼吸急促、动作失调及皮肤过敏。使用这些方法，可以帮助参与者准确地发现什么运动强度是最适合的。

**目标心率** 可以使用Karvonen公式确定个体目标心率区，该公式结合了参与者的年龄和静息心率。然而，在小组活动中推动参与者达到其最大心率的80%是不需要的，也是不明智的，这也是该公式标准的高范围。研究表明，即使是中等强度的有氧运动也为大多数成年人提供了训练效益。没有心脏病的受试者的安全运动范围为最大心率的50%到75%（参见图4.2修正的Karvonen公式）。确定所有参与者都知道他们的目标心率，并了解自己的10秒计数心率是多少。Karvonen公式的挑战在于很难获知参与者精确的最大心率和心跳技术可能存在错误。出于这些原因，感知疲劳分级是一个有价值的工具，可确定参与者是如何努力进行运动的。

**静息心率（RHR）** 在完全休息至少20分钟后，对脉搏进行1分钟计数，获得精确的RHR。

**目标心率（THR）区** 在有氧阶段，无特殊病症的老年人，安全地活动时心率保持在最大心率（HR）的50%到75%。

**10秒计数** 在有氧阶段进行10秒的脉搏计数，以检查心率。

### 为老年人提供陆上运动训练区

220

−＿＿＿＿＿＿＿＿＿＿＿＿你的年龄

＝＿＿＿＿＿＿＿＿＿＿＿＿最大心率

−＿＿＿＿＿＿＿＿＿＿＿＿静息心率

＝＿＿＿＿＿＿＿＿＿＿＿＿答案A

| 最小目标心率 | 最大目标心率 |
|---|---|
| ＿＿＿＿＿＿＿＿＿＿＿答案A | ＿＿＿＿＿＿＿＿＿＿＿答案A |
| ×0.50 | ×0.75 |
| ＝＿＿＿＿＿＿＿＿＿＿＿ | ＝＿＿＿＿＿＿＿＿＿＿＿ |
| +＿＿＿＿＿＿＿＿＿＿＿静息心率 | +＿＿＿＿＿＿＿＿＿＿＿静息心率 |
| ＝＿＿＿＿＿＿＿＿＿＿＿最小目标心率 | ＝＿＿＿＿＿＿＿＿＿＿＿最大目标心率 |
| （最大值的50%） | （最大值的75%） |
| ÷6＝＿＿＿＿＿＿＿＿＿10秒计数，最小 | ÷6＝＿＿＿＿＿＿＿＿＿10秒计数，最大 |

*注意：请使用THR区并结合感知疲劳分级这一指南。参见图6.1（第113页）的THR区域，也适用于水上运动。*

▶ **图4.2** 修正的Karvonen公式

患有心脏病的参与者，应该以医生推荐的心率和感知疲劳分级为依据来进行运动。一些心脏药物完全使目标心率的计算无效，所以你必须知道，哪位学员在服用药物，并且需要使用感知疲劳分级来代替Karvonen公式。即使对于非用药学生，使用感知疲劳分级加上修正的Karvonen公式来测定运动强度，也增加了有氧运动阶段的安全性。

**感知疲劳分级** 许多药物人为地调节心率，从而使目标心率计算无效。因此，这些用药的学员不必试图达到预定心率。相反，他们应该依靠评估自己的感知疲劳分级来衡量运动中和运动后的感觉。

为了帮助锻炼者确定感知疲劳分级，让他们回答"我有多努力地运动"这个问题。他们应该使用10分制来评价自己，1是"非常非常轻松"，10是"非常努力"。锻炼者应力求达到中等范围（4到7），并警告不要在最困难的范围内（8到10）运动。

感知疲劳分级的另一个益处是，能够提

供关于参与者在那天如何响应锻炼的重要信息。身体对运动的反应受到许多事物的影响，例如热、冷、药物、压力、疲劳或轻微的疾病。由于这些因素和其他因素，参与者实际上可能在他们的目标区域以下运动，但是他们感觉自己正在努力运动。感知疲劳分级与计算的目标心率区域同等重要，这有助于确保参与者在安全的水平上运动，也就是说，与他们的身体对当天锻炼的反应情形是一致的。

### 监测运动强度

监测运动强度只需很少的时间，但为学生如何响应运动提供了重要的反馈。请使用各种各样客观的或主观的技术，它会显著提高你计划的安全性。

为了提高心率检查的可靠性，请保持检查心率的方法简单一致，以便所有课程成员能够查找和计数自己的脉搏。每次运动时，请使用相同的提示，并让提示清晰直观："停止并找到你的脉搏"（暂停2到3秒）；"预备，开始"（计数10秒）；"停止"。10秒计数完成，请每个学员边原地踏步，边告知他们的10秒脉搏。请和学员一起测量锻炼中脉搏和恢复后脉搏的次数，这样他们会对此过程感到舒适和自信；通过不断的实践，每次的心率检查最后只需一点时间。

用颈部的冠状动脉或腕部的肱动脉来测量脉搏哪个更好，是有分歧的。有些学员指尖的感觉减退了，他们可能很难找到并计数脉搏。让学员同时尝试冠状动脉和肱动脉脉搏点，以确定哪一个更好用。

将右手的手指放在颈部右侧靠近气管的位置，以获得颈动脉脉动。告诫学生不要过于用力地按压这个地方——压力太大会使人头晕。避免用左手越过喉咙到脖子的右边，或让拇指与其他四指分别在喉咙两侧（容易挤

压气管）。这两个位置都会限制氧气的流动，并引起头晕。

应将左手的手指（不是拇指）放在右手腕前部的"拇指侧"（掌心朝上）上，以获得肱动脉脉搏。按压这里不会引起问题。花些时间确保所有的学生都能找到他们的脉搏。如果匆忙完成这个工作，很多参与者都难以读取准确的心率值，只会简单地说出一个类似于他们听到的相似的数字。这样可能就无法准确评估运动强度，可能会造成危险。

请学生给出一个数字，用来衡量他们的有氧阶段的感知疲劳分级。这个数字也表明了他们工作的努力程度（第57页）。请再次向学员们强调合理的运动强度是很重要的，以及每个人对运动的反应是存在差异的。有些学员难以找到并计数脉搏，感知疲劳分级可以帮助他们找到令他们感觉舒适的运动强度。

**频繁检查心率** 在每节课期间，检查开始前（运动前）和热身后的心率。这让学员了解到经过当天的锻炼后，自己的身体是如何反应的。然后，在有氧阶段继续检查两次或三次心率，来频繁地监测运动强度，并询问每个人的10秒计数。请特别注意那些服用人为调节心率的药物的学员，并要求所有学员给出他们的感知疲劳分级。这种频繁检查可以及时提醒你有哪些潜在的问题。

在有氧阶段快结束时，请再次检查运动心率。让每个人慢慢地行走1分钟，然后测试他们的10秒恢复心率。询问学生在恢复后的1分钟心率比运动时减少了多少。如果有的学生1分钟脉搏没有下降，那么再过1分钟，让他们再次测试一下看是否下降了。有氧运动后，心脏若不能明显恢复，则表明了各种问题。在课堂的其余部分也请监控学员的情况，以确定他们的心率是否正常。心率过高的（心率超过该人的最大目标心率12到15次）

且恢复不及时的学员应咨询他的医生。

不管学生是否在服用心率调节药物，在开始恢复阶段前，再次询问他们的感知疲劳分级。这会帮助你的学生了解在目标心率区间运动时的感受。

**记录运动强度** 为了便于对照，在表格或表单中记录下每个学生的预定10秒计数，或在其名字旁标出她对感知疲劳分级数据的依赖程度。在上课前几周内，记录每个学生的运动心率、恢复心率和感知疲劳分级（参见图4.3中的样本图表）。记录这些数字，可以熟悉每个人对运动的反应，并提醒你潜在的问题。例如过高的运动心率，或心脏不能在1分钟后恢复等等问题。这种做法，即频繁检查目标心率和感知疲劳分级，再次强调了加强监控学员的运动强度的重要性。请熟悉课堂成员及其对运动的响应，即使你不再花时间记录，还是要继续向每个学员询问这些数字。

## 柔韧性

保持柔韧性是功能性健身的关键，它是人们考虑到个人化需求、保持独立生活方式和参与有价值活动所必须达到的健身水平。因此，在初始阶段（恢复阶段）后，有氧课程应包括一个关于柔韧性的部分。柔韧性练习能够维持所有关节的运动范围，并让运动更加轻松，这是功能性健身的益处之一。作为一个教练，座右铭应该是"做重要的运动"。我们应每天都去做弯曲、拉伸和伸展类运动，这样才能保持独立自理的生活方式，并防止功能丧失。这些都是重要的运动。

对许多成年人来说，上背部、颈部和肩部、背部和腘绳肌都是很麻烦的部位。我们应特别注意这些地方，温和而缓慢的拉伸才是最安全和最有效的。久坐的老人患有肌肉和关节功能障碍疾病的风险明显增高，所以

需要提供给他们替代的和调整过的锻炼课程。我们要特别保护关节，避免让它们处于别扭的位置。我们在指导学员拉伸特定肌群时，让他们尽可能放松身体的其余部分。参见第5章的陆上拉伸和第6章的水中拉伸。

## 力量和爆发力

力量是肌肉能产生的力的总量。许多久坐不动的成年人，力量会有明显的下降。研究表明，大部分70岁及以上的成年人，不能举起或承受4.54千克的重量（Clark et al., 1998）。考虑到一个人在一天中需要举起和负重的所有东西，就会发现力量在功能独立方面发挥的重要作用。力量有助于老年人防止肌肉和关节损伤，保持平衡，防止跌倒等等。跌倒是65岁以上成年人意外死亡的主要原因，所以力量是至关重要的。

最新的研究表明，爆发力（快速产生力的能力，或力量与速度的乘积）在保持功能方面，比单独的力量更加重要。在没有速度分量的情况下，执行许多功能任务是很困难的。请尝试从椅子上攀登或非常缓慢地爬楼梯，或者想象一下，不减速而试图保持平衡不坠落。研究表明，相比力量，肌肉的爆发力流失的速度更快，而且与日常生活活动的表现更为紧密相关。爆发力训练已经证明比力量训练能更有效地改善身体机能，所以，教练必须有意识地将爆发力训练纳入课程计划。高速训练可以增加肌肉力量（Hazell et al., 2006; Miszko et al., 2003）。

抗阻训练（力量和爆发力训练）是保持或恢复功能的关键，并且成果快速而明显，是建立信心的不错方法。如果有可能，请利用弹性带、手持重量、体重或水的阻力作为负重，将抗阻训练纳入课堂。在力量训练前，要经常热身，包括上半身和下半身的主要肌群。请训练学员通过流畅的动作和适当的训练强度来保

| 日期<br>姓名 | 运动心率 /<br>恢复心率 | 感知疲劳 /<br>分级 | 运动心率 /<br>恢复心率 | 感知疲劳 /<br>分级 | 运动心率 /<br>恢复心率 | 感知疲劳 /<br>分级 | 运动心率 /<br>恢复心率 | 感知疲劳 /<br>分级 | 运动心率 /<br>恢复心率 | 感知疲劳 /<br>分级 | 运动心率 /<br>恢复心率 | 感知疲劳 /<br>分级 |
|---|---|---|---|---|---|---|---|---|---|---|---|---|
|  |  |  |  |  |  |  |  |  |  |  |  |  |
|  |  |  |  |  |  |  |  |  |  |  |  |  |
|  |  |  |  |  |  |  |  |  |  |  |  |  |
|  |  |  |  |  |  |  |  |  |  |  |  |  |
|  |  |  |  |  |  |  |  |  |  |  |  |  |
|  |  |  |  |  |  |  |  |  |  |  |  |  |

▲ **图4.3**

源自：K. Van Norman, 2010, Exercise and wellness for older adults, 2nd ed. (Champaign, IL: Human Kinetics).

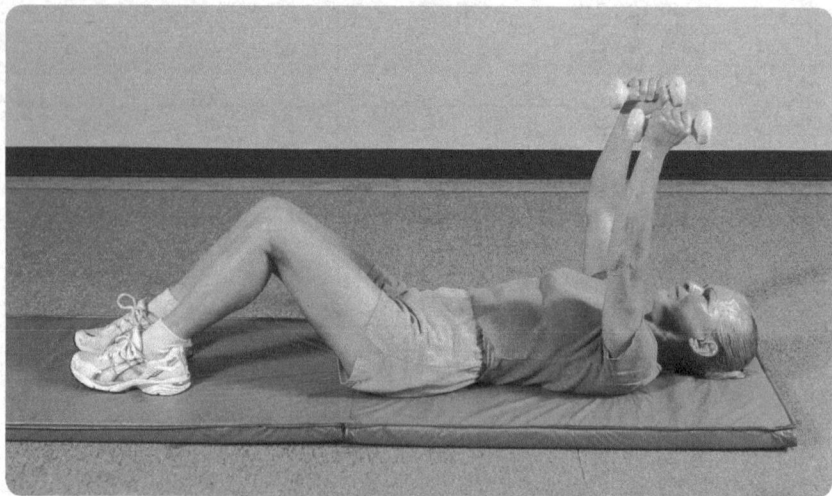

手持重量可以提高力量

护关节。当使用阻力带时，请确保学员手腕处于合适的位置，避免过度弯曲手腕去抵抗阻力。

爆发力训练需要高速收缩（尽可能快地收缩肌肉）。所以，设备和运动策略必须确保在该速度下的运动安全。例如，大量铁片堆叠重量的锻炼设备对爆发力的训练可能会产生问题，因为2到3秒的升降（以控制重量栈的动量）动作无法达到爆发力的锻炼。有关具体力量和爆发力训练的协议和练习，请参考第5章，那里还讨论了有助于训练力量的设备类型。

## 协调与平衡

协调和平衡对维持身体机能至关重要。两者在预防跌倒方面都起很大作用，如果不练习就会迅速退化。通过互为相反的动作、动作顺序以及各种的手腿组合动作，协调性可以很容易得到改善。在水中，平衡活动可以很容易地完成（这点对平衡性差的人而言特别好）。比如，脚趾抬起，身体重心转移到一只脚的脚趾上，同时把另一只从池底抬起，或者向前摆动，然后再回到脚跟上。在陆上练习中，平衡工作可以是站成圆圈，双手支撑，或站在墙壁或椅子旁边（第5到6章）。

练习平衡和协调会增加学员对运动的信心。随着平衡和协调活动逐渐变得更加容易，参与者的自信将得到增强。平衡训练的优秀资源有：*A Comprehensive Balance and Mobility Training Program*（Rose, 2003）。

## 健康小结

　　一个有质量的课程包括训练有素的教练、良好的班级组织和管理以及安全事项，并且还需要一个全面的课程，能识别功能和需求水平，提供安全的练习和运动顺序，以提供心理方面的幸福感。有意识地设计课程构成，支持社交和情感要素的幸福感，包括全面健康的概念和意图。精心设计的课程可以提高学员对自己能力和自尊的信心，并提供重要的社交关系。运动课程必须包括热身和恢复，以及尽可能多的其他适应性内容，包括仔细监控有氧训练和活动，以促进力量和爆发力、灵活性、协调性和平衡性。

# 第 5 章

# 陆上课程

各种陆上课程可以满足参与者在各功能性能力范围内的需求。本章提供了用于热身和恢复、椅子和椅子辅助练习、低冲击有氧运动、力量和爆发力训练的具体技术。这些练习可以用照片来描述和说明，样本课程概述演示了如何将练习放在1小时的课堂中。此外，本章还介绍了全身心健康工作站的概念，旨在为客户提供自我指导的机会，以改善健康的多重维度。本章提供了制作和使用物美价廉的运动道具的想法。

无论学员的功能性能力水平如何，进入房间的那一刻课程就应该开始了。许多学员会提早到来，他们会四处转转，与其他学员或教练聊聊。这个时间可以看作是"热身的预热"；这是让学员彻底融入课堂的好时机，它不但可以使学员身体活动起来，也可以在学员间以及学员和教练之间建立良好的社交联系。优先做这一事情对全身心健康课程有明显的帮助。问候并欢迎每一个来上课的学员，向团队和个人介绍新来的学员，并要求老学员担任新学员的"引导者"。这也有助于新学员在参加课程之前就感觉自己已经是队伍里的一分子。

# 椅上练习

椅上练习的强度范围较广，从为身体健康的人设计的增加携氧能力的椅上有氧操，到专注于为身体虚弱的学员维持基本功能水平的运动。本章讨论的是低到中等强度的椅上运动。所述技术包括椅子和椅子辅助练习，旨在改善运动范围、力量、协调性和平衡性。本章还提供了促进社会化和趣味性的策略，增加了参与者对体育运动的信心。

低到中级椅上运动的目标人群包括无自理能力、体弱多病或坐轮椅的老年人；那些有关节问题或有严重平衡缺陷的人；以及那些进行有氧活动有困难的心血管或呼吸系统疾病的人。健康但久坐或超重的成年人可以从椅子锻炼中受益，这有助于恢复自身对运动能力的信心。学员可以在任何一次座椅辅助活动中保持坐姿。一个优秀的椅子练习资源是在公共电视上播出的健身节目，即玛丽·安·威尔逊坐着锻炼的节目。对于不同健康问题的人员，她有多种针对不同能力水平的具体计划。

## 注意事项

无自理能力或体弱多病的老年人患骨质疏松症的风险很高。因此，在椅子练习中应该避免或使用一些动作。避免所有的跳动、快速运动和快速扭转或转动身体的任何部位。避免过度压迫腹部，特别是那些表现脊柱压迫（脊柱前屈）的患者。腰部的弯曲会使身体内部的器官受到压力。同样地，单腿站立会对髋关节产生巨大的压力，骨质疏松症也会使髋关节明显变弱。为了保护髋关节，避免让参与者单腿站立超过8次，且须避免这一姿势下臀部的任何扭动动作。在骨质疏松后期的人，应该避免在站立的时候锻炼。

## 重要的运动

学员们需要能够轻松完成他们个人需求的运动，即日常生活或日常活动，包括自己进餐、如厕、穿衣、移动和步行等，识别并关注这些重要的运动。包括提高股四头肌肌肉力量的练习，使人们可以从椅子上起来和坐下，在没有帮助的情况下使用马桶。为了保持独立，人们必须能够举起和携带各种大小重量的东西。用阻力带或0.45到2.27千克的重物锻炼可以提高上肢力量；较重的重量可以用于腿部。寻找可调节的重量，让参与者逐渐增加阻力，使他们变得更强。如果你可以使用力量训练机，请参考本章后面章节中的练习和策略，将学员从手持重量训练转到机器训练。

　　课程应包括上身运动练习，帮助参与者保持以下的能力，梳理头发、打扮自己及其他个人化需要的护理。询问参与者他们希望能够更轻松地执行哪些日常活动，然后构建一个解决这些任务的计划。每次练习重复4到12次，具体取决于参与者的能力水平，只有在成功运动后才可以增加阻力。见表4.1（第52页）列出的功能、需求和推荐活动的级别。

### ▶ 特殊的椅子练习

　　设计一个平衡良好的运动顺序，从头顶开始，沿着身体往下，适当活动每一个关节。轻缓地进行所有练习，缓慢而顺利地完成各种动作。经常提醒参与者在所有练习中正常呼吸。慢慢为所有练习计数，不断提醒大家正常呼吸，同时尽量拉伸。课程包括短暂的连续运动，如膝盖的升降，随音乐欢快踢跳，以提高耐力。持续时间将取决于小组的具体情况，但大多数人应该能够进行5分钟的耐力运动。鼓励参与者按照自己的节奏锻炼，并酌情逐步增加这样的练习。

　　在下列练习中，笔直端坐在椅子中间位置上，肩膀在髋部竖直上方（脊柱挺直），面向前方，肩膀向前方，双臂放松垂在两侧，头部和颈部竖直居中，双脚平放在地板上。除非另有规定，所有练习都以竖直位置开始。

### 颈部练习

注意事项：**不要让练习者把下巴抬起过多，或者把头往后仰，这将导致颈部压迫和眩晕。避免让颈部做快速或骤停的动作。**

- **耳朵到肩膀：**练习者右耳轻轻地向右肩靠，回到中立位；左耳向左肩靠，回到中立位，下巴向胸前靠，再回到中立位。每个动作进行8到12次。提醒锻炼者肩膀放松，过程中正常呼吸。
- **颈部旋转：**练习者转头看向右肩方向，回到中立位置，转头看向左肩方向，回到中立位置，下巴向后拉（保持头部水平），回到中立位置。每个动作都要慢慢进行8次。
- **颈部拉伸：**练习者将右手掌心放在头部右侧，锻炼颈部肌肉，用头推手4到8次，然后松开手，将颈部放松至中立位置（图5.1）。轻轻将左耳靠向右肩8次；恢复到中立位置。左侧也用头推左手，重复这样的练习。
- **鼻子画圈：**练习者用鼻子慢慢画圈，3到4次的顺时针，然后3到4次的逆时针（每次计数大概到8）。

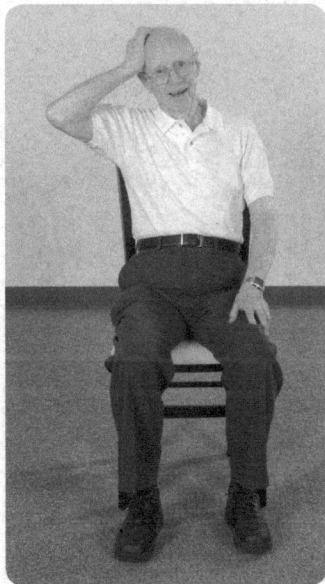

▶ **图5.1**　颈部拉伸

### 肩膀和上背部练习

注意事项：练习者必须避免用力地从头顶放下手臂，或放向两侧。在抬起肩部之后，应该是缓慢且有控制地返回中立位。

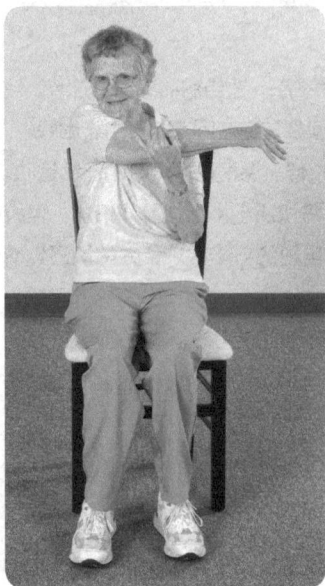

▶ **图5.2** 横臂

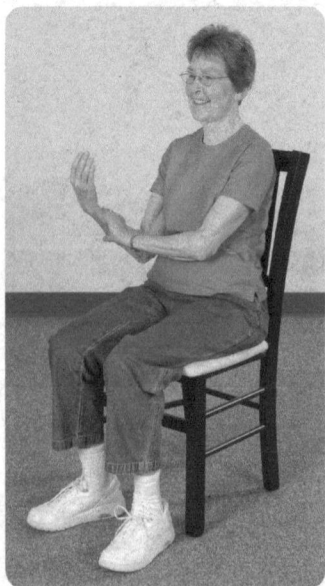

▶ **图5.3** 肱二头肌弯举

- **耸肩：** 练习者将双肩向耳朵靠近，返回起始位置；肩膀向下压，再返回起始位置，每组4次。
- **肩膀升降：** 参与者抬起右肩，抬起左肩；放下右肩，放下左肩（每组1次）；然后，同时抬起两侧肩膀，同时放下两侧肩膀（每组2次）。
- **肩膀转圈：** 练习者移动一侧肩膀（或双肩）做圆周运动，向前或向后，每侧计数4到8次。
- **收缩肩胛骨：** 练习者两肩向前，上背部绷紧（保持4秒），返回起始位置（保持4秒）；两肩后展，肩胛骨尽量向后挟紧（保持8秒），返回起始位置（放松4秒）。
- **挤压和拉伸：** 双手放在肩上，使两肘在前方相碰（维持4秒），返回起始位置。然后，将肘向背部方向伸展，让两肩胛骨尽量向后挟紧（维持8秒），回到起始位（维持4秒）。
- **手摸肩：** 用一只手或两只手，用手触摸肩膀。练习者手从两侧过来，摸肩；手绕过头顶，摸肩；从胸前过来，摸肩；从下方绕过，摸肩。
- **横臂：** 练习者从右到左将右臂横在胸前，左手抓住右上臂轻轻拉伸（不可猛拉）右肩8到12秒（图5.2）。教导参与者拉伸时，保持肩胛骨收缩。然后参与者放松右手臂，放松手臂垂到身体两侧。换到左侧重复以上动作。

## 肘、腕、手练习

- **肱二头肌弯举：** 双手放在大腿上，掌心向上，练习者将肘部弯曲，向肩的方向靠近（图5.3），左右手交替或同时使用。增加肱二头肌的力量，练习者将左手放在右前臂上，按下，抵抗右肱二头肌卷曲的力量。换左臂侧重复。可以使用弹性带或轻阻力重量。在所有上身力量训练中将肘部保持在上身前方可以避免肩峰撞击。

- **弯曲和触摸：**双手放在腿上，掌心朝上，锻炼者弯曲右肘，使右手碰触到右肩；右手绕过头顶，碰触左肩；右手绕过头顶，碰触右肩；右手回到腿上，掌心朝上。左手侧重复相应动作（每移动一次计数一次）。最后，两侧同时按以上方式移动。

**手腕和手练习注意事项：**交替手指活动，防止过度疲劳。指导患有关节炎的参与者，使其感觉到伸展，动作幅度应在无痛感的范围内。

- **祈祷手势：**两手掌以祈祷手势并拢（4秒），慢慢向上抬手肘至手腕弯曲呈90度（约4秒），维持4秒，使手肘恢复到起始位置（约4秒）。

- **手腕转圈：**练习者手腕转圈，平摊手掌或握拳。

- **手指风扇：**练习者手掌握拳，打开并伸展指头，再将伸展的手指像关扇叶一样关闭，再打开并伸展手指，然后关闭手指并握拳（每组做2到4次）。

- **手指画图：**练习者双手用一个手指同时画圈（例如，两个拇指一起，然后食指、中指、无名指、小拇指）。变换方向，或大范围移动。为了全面锻炼，各个手指都应用到。

- **捏手指：**将拇指和食指捏到一起，形成一个圈，接着其余手指也重复这个动作（每次计数一次）。然后握拳（2秒），再打开手掌，捏的时候，中间可以加进凝胶球或海绵增加阻力。

## 躯干运动

参与者做躯干运动的时候，应坐直，肩膀不要左倾或右倾。

- **躯干分离运动：**练习者将躯干转向右侧，再回到中立位，再转向左侧，回到中立位（每次2拍）；躯干前倾，再回到中立位，躯干后仰，再回到中立位（每次2拍）；躯干向右侧画个圈（8拍），向左侧画个圈（8拍）。

- **收缩：**练习者微微拱背（但不是在椅子上下沉或滑塌），将抓着的双手向前压8次（图5.4）。然后，慢慢伸直背部，同时打开双臂，伸向两侧，降到中立位，总计超过8拍。

- **旋转：**练习者轻轻地向右转，腰部扭动，看着右肩（旋转计时4拍，维持用时8拍）；回到中立位（4拍），左侧重复该动作。

**注意事项：**避免从一侧到一侧的强力扭曲。这个锻炼应该是轻柔缓慢的，骨质疏松患者应避免做。

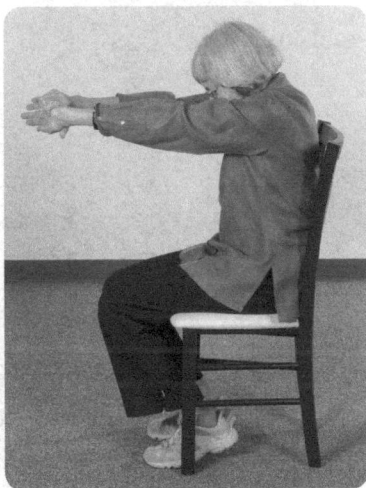

▶ **图5.4** 收缩

- **伸拉**：练习者右臂尽可能远地伸向身体左侧。在返回起始位的过程中，收紧肌肉好像抓着东西往回拉一样，用时4拍；练习者左臂向左侧伸，抓握着拉回起始位。左臂重复上述动作伸向右侧，并拉回起始位；然后右臂伸向右侧，抓握着拉回起始位，也是计时4拍。

> **注意事项**：做这一练习时，请确保参与者双脚距离与肩同宽。防止分得太开而失去平衡。想象用绳子向自己拉东西的画面。

- **深呼吸**：练习者充分鼓胀腹部，深吸一口气，然后慢慢地匀速呼气，不断重复。注意，每次吸气充分，呼气彻底。

## 髋关节练习

除非参与者需要靠在椅子上放松脊柱，否则这些练习应该在中立位进行，这样可以允许髋关节更自由地运动。

- **腿交叉**：练习者向上抬起右腿（弯曲膝盖）（1，2拍），搭在左膝上（3，4拍），撤回右腿（5，6拍），落回起始位（7，8拍）（图5.5）；左腿重复上述动作搭在右膝上。最近做过髋关节置换的参与者应该避免该运动。

- **侧向开腿**：练习者向上抬起右腿（弯曲膝盖）（1，2拍），向右侧打开（3，4拍），移回中间位置（5，6拍），落回起始位（7，8拍）；左腿重复上述动作。

- **髋关节旋转**：参与者向前伸右腿，微勾脚尖，髋关节向外侧扭转大腿，回到中心，再向内侧旋转，再回到中心（图5.6）（旋转幅度要小，髋关节转，不是膝盖或脚踝）。重复4次，右腿恢复到中立位。然后左脚再重复该组动作。

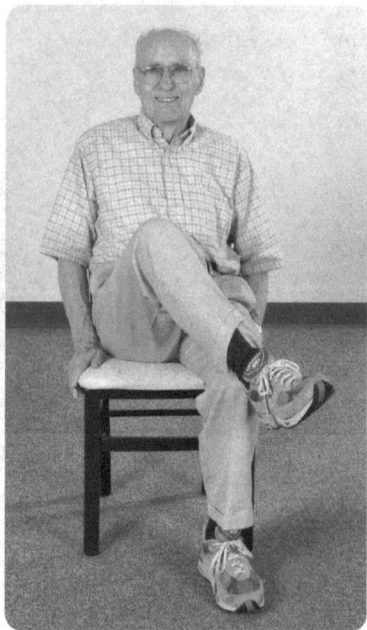

▶ **图5.5** 腿交叉

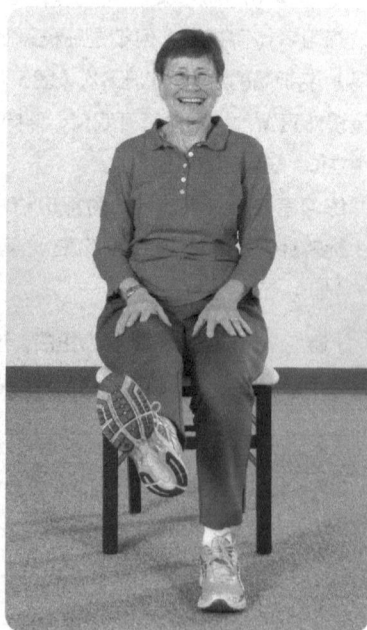

▶ **图5.6** 髋关节旋转

**注意事项:** 指导学员做下面的抬膝训练时，保持背部平直，并以缓慢、受控的方式扭转。

■ **抬膝:** 练习者交替向前抬双膝，右手摸右膝，左手摸左膝。或者做交叉抬膝，左肘部碰右膝，右肘碰左膝，每个动作1拍。两边膝盖都完成后，回到中立位。

■ **抬双膝:** 练习者向前抬右膝，回到中立位。再次向前抬右膝，回到中立位。重复该动作，抬左膝两次。

■ **伸胯:** 练习者小心将右脚踝放在左膝上，轻轻压下右膝盖伸展髋关节（图5.7）（右腿向右侧转，髋关节随着膝盖向侧面拉伸），坚持拉伸8拍，然后回到中立位。左脚踝搭在右膝上，重复该动作。

**注意事项:** 膝盖在拉伸位紧张或疼痛的人，以及近期做过髋关节置换的患者，都不该做此练习。

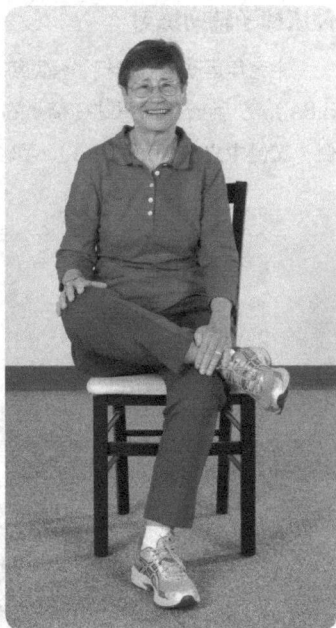

▶ **图5.7** 伸胯

## 膝盖，脚踝和脚部练习

■ **伸:** 每个动作2拍，练习者向前伸右腿，然后弯曲膝盖回中立位。右腿重复4到8次，然后是左腿。为了提高股四头肌的力量，可以用脚踝重量锻炼，或左脚踝搭在右脚踝上，这样右腿前伸时，同时需要提拉左腿重量；另一只脚重复该组动作。

**注意事项:** 每当腿部向前拉伸时，确保参与者保持腹肌紧实，背部挺直，下背部不至于过度拉伸。

■ **拉伸点趾:** 练习者向前伸右腿（1，2拍），脚趾点地（3，4拍），弯曲脚面（5，6拍），点地（7，8拍）；弯脚（1，2拍），点地（3，4拍），弯脚（5，6拍），回到中立位（7，8拍）。左腿重复该组动作。

■ **伸拉转圈:** 练习者向前伸右腿，右脚踝朝一个方向做圆周运动（允许1圈8拍），回到中立位；左腿重复该动作。为了提升股四头肌的力量，回到中立位前，增加腿前伸（例如，点趾，弯脚，做脚踝转圈；脚移回，递出）的时间。

■ **压脚踝:** 练习者抬起脚趾，脚后跟下压，再踩平；重心回到脚跟，脚趾抬离地面，再踩平，每个动作用2拍。

■ **脚趾抓地:** 脚底贴地，练习者弯曲脚趾（即脚趾抓地），回到中立位，脚趾上抬回压（相对于地面），然后回到中立位。每个动作允许2拍。

■ **脚趾敲击:** 保持脚后跟贴地，练习者每次尽可能快地弯曲脚踝（他们会感觉到小腿前部的肌肉），左右趾交替敲击地面，每敲一下计1拍。不双脚交替的话，练习者在换脚前要做8到10次的敲击。

### 健康椅子辅助练习

中老年运动与健康椅子辅助练习有3个主要位置：双手轻搭椅背站在椅后（中立位）（图5.8a），左手搭在椅背站在椅子右侧（右侧中立位）（图5.8b），右手搭在椅背站在椅子左侧（左侧中立位）（图5.8c）。手轻轻搭在椅子上。注意不要倚靠椅子或是靠它维持平衡。

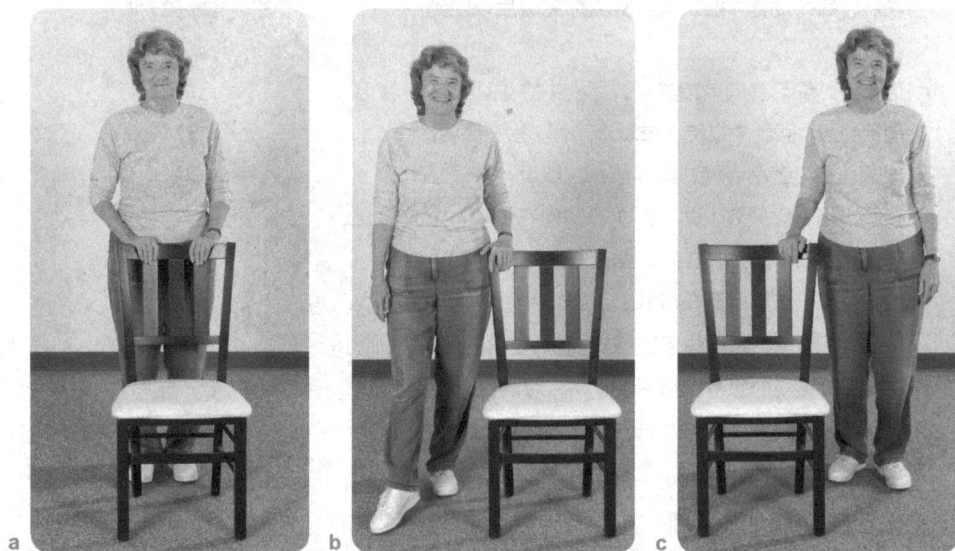

▶ **图5.8** a. 中立位；b. 右侧中立位；c. 左侧中立位

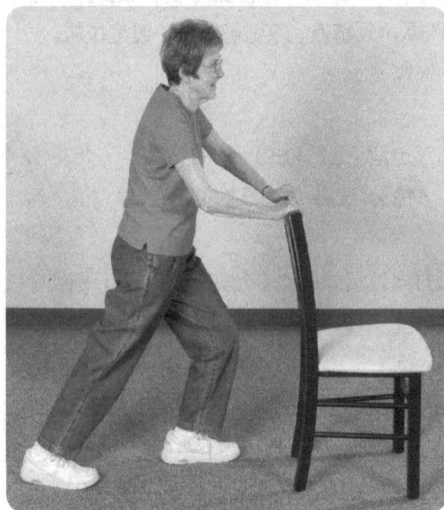

▶ **图5.9** 跟腱拉伸

■ **提升：** 站在中立位，练习者踮起脚尖（1，2拍），保持住（3，4，5，6拍），落下（7，8拍）。

■ **屈膝：** 练习者在中立位，双脚站平，弯曲双膝（1，2拍），保持住（3，4，5，6拍），然后腿伸直（7，8拍）。背部全程挺直，弯曲膝盖超过脚趾。

■ 以各种组合的顺序做提升和屈膝；例如，提升（1，2拍），保持住（3，4，5，6拍），回落（7，8拍），弯曲膝盖（1，2拍），保持住（3，4，5，6拍），然后伸直腿（7，8拍）。

■ **跟腱拉伸：** 练习者左腿向前做弓箭步，右脚跟压向地板（图5.9），坚持8到12拍，然后回到中立位。左右腿交换，再重复该动作。保持臀部向正前方，前膝弯曲，后腿伸直。

- **腘绳肌收缩：** 站在中立位，练习者弯曲膝盖，向臀部方向提起右脚跟（1，2拍），保持（3，4，5，6拍），回到中立位（7，8拍），换左腿重复做一次。动作中的脚跟提升可以做两次。练习者弯曲并提起右脚后跟做两次，回到中立位，弯曲并提起左脚后跟，做两次，回到中立位。指导练习者收缩腘绳肌，而不是简单地移动脚后跟。可以增加脚踝重量增大阻力，加强锻炼效果。
- **后压：** 从中立位开始，练习者抬起右脚跟，直到膝盖弯曲到90度（图5.10）（1，2拍）。向后压右腿两次，保持膝盖弯曲，背部挺直（3，4拍和5，6拍），然后回到中立位（7，8拍）。左腿重复该组动作。

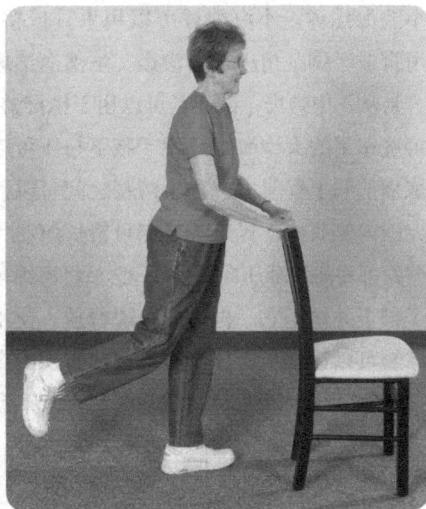

▶ **图5.10**　后压

- **碰触点地：** 右侧中立位开始，练习者伸出右腿，脚趾前点地（1，2拍），侧点地（3，4拍），后点地（5，6拍），然后回到中立位（7，8拍）。然后弯曲膝盖，脚趾贴地（1，2拍），腿伸直（3，4拍），弯曲膝盖（5，6拍），再腿伸直（7，8拍）。右腿重复该练习但顺序为后点地、侧点地、前点地和回中立位；然后计数从1到2拍时不屈膝，而是点脚尖，再回落（3，4拍），脚趾抬高（5，6拍），脚趾下降（7，8拍）。以左侧中立位开始，左脚重复该组动作。

## 用道具和设备进行椅子运动

道具增加了椅子练习的趣味性、多样性和娱乐性。许多低成本的物品既有益又有用。可以用PVC管和五金店的铅制颗粒做出0.45到1.36千克的手持重量。也可以用充满颗粒的牢固材料做成小的脚踝负重物，可以绕在脚踝上，也适合手持。健身用品店普遍都卖的阻力带有广泛的用途。线团和自制球拍可用于游戏活动，球拍可以用金属衣架裹上旧尼龙袜制作。查阅有关小学体育课程的书籍，了解更多低成本制作设备的方法。许多常见的物品可在课程上使用——只需发挥你的想象力。

### 橡胶球和海绵球

橡胶球，许多玩具店和大型折扣店都有出售，是椅子运动的理想道具。它们很轻很容易掌控，有很好的触感。我们可以用一只手轻松挤压，也可以用来锻炼手掌和手指。锻炼时，请尝试各种顺序，例如，8次右手，8次左手，4次右手，4次左手，2次右手，2次左手，1次右手，1次左手。

橡胶球像网球或泡沫球一样，在手中不容易反弹，所以抛向空中很容易接住。可以用来进行提升协调性的训练，让练习者抛出球后，等球弹一两次后再抓住。也可以用它做搭档游戏，大家坐在一起，相互掷球玩。

橡胶球可以在腿和手臂以及双手之间来回滚动，能按摩皮肤改善血液循环。它们也可用于锻炼脚。光脚踩着球，然后前后搓，就是一个完美的足底按摩。练习者也可尝试用脚趾从地板上将其挑起来。

脚趾可以挤压、抛掷和抓住各种形状大

小的海绵球。小海绵球可以用手拧或挤压，用脚或者脚趾挤压或者滚搓。虽然海绵球很容易从手中弹离，但还是可以用于抛接游戏。将洗车用的大型海绵球置于腋下挤压可以锻炼肩部和上臂肌肉，置于两膝之间可以锻炼大腿内侧肌肉，置于下背部可锻炼腹肌（收缩腹部将海绵球压向椅背）。学员将海绵球置于脚下并挤压它，再弯曲脚踝释放。使用支撑物可以让学员更容易理解弯曲脚踝的意思（即当脚趾远离海绵球时就是在弯曲脚踝）。

## 木销和围巾

木销可用于拉伸和力量提升训练。在其与肩齐高的位置双手（双手相距20到25厘米，手掌朝外）握住木销，推过头顶（1，2拍），保持（3，4拍），拉回到胸前（5，6拍），保持（7，8拍）。参与者也可以双手向前向后转动木销来锻炼手腕，手掌先朝下，然后朝上。

木销可用于站立练习。练习者将其一端放在地上绕其行走；或者在节奏感的音乐下，围绕木销做踢步练习。利用你的想象力，找到简单、安全，适合团队的常规练习法。

围巾可以用来提高手的灵活性。学员用右手握住一条长围巾的一端，然后只用右手的手指把围巾卷成一个球。换成左手再做一遍。我们可以扔出围巾再抓住，也可以同时用多条围巾，但要放慢速度。

另一种选择是用右手把一张报纸卷成球（就像领带一样）。然后传给下一位参与者的左手，这位参与者只用左手解开报纸球，然后对调到侧面，左手弄皱右手摊平。

## 阻力带、脚踝重量和手持重量

阻力带由弹性材料制成，从小到大，有多种阻力强度。轻到中度阻力带最适合椅子练习。一些带子是由扁平材料制成的，有些是由管子制成的，有些有把手可以抓。阻力带可以从多数健身用品店订购，无论是预制的还是未经剪裁的，都可以裁成你需要的大小。

增加脚踝重量广泛适用于抗阻训练，本节中描述的大部分腿部锻炼都可用。基本的脚踝重量从1.4到3.6千克，可以通过增加脚踝重量提高阻力，使学员变得更强壮。只有学员能轻松完成当前动作情况下，才能增加重量。我们应教导学员，练习时身体要协调，完成后身体不应有疼痛感。需要腿部摆动的练习（如节奏协调练习）或身体姿势不协调时，不可增加重量。

手持重量广泛适用于抗阻训练。同样，本节中描述的多数练习也可使用手持重量。但是仅在学员能轻松完成练习时才能增加重量。请确保身体协调，并保证学员完成后身体不会感到疼痛；需要手臂摆动的练习不应增加重量（如节奏协调练习）。

## 阻力带练习

阻力带可以提高上下半身的力量。做上肢力量练习时，确保学员肘部靠近身体或在身前，而不是身后。为避免肩关节疼痛（夹住关节中的韧带），在做有肩关节参与的练习时，请将肘部保持在身体前面。以下练习中，请使用长度约为0.91米的阻力带。我们应经常提醒练习者保持手腕固定，不要向前或向后弯曲。

- **肱二头肌弯举**：练习者右脚踩着阻力带一端，手抓另一端，保持手腕处于固定位置（避免过度翻腕），然后弯曲肘部，右手向右肩靠近（阻力带肱二头肌弯举）（图5.11）。重复次数取决于学员的力量和阻力带的阻力大小（4到10次是一个常规范围）。请用左臂重复该动作。

- **扩胸**：练习者把阻力带放在背后，双手各抓一端。伸展肘部，双臂慢慢往身前推；再弯曲肘部，慢慢回到起始位置。

- **肱三头肌练习**：练习者用右手将阻力带的一端抓在胸前，左手抓着另一端（两手相距15.24到20.32厘米）。左手肘部位于肩下，前臂与地面平行，练习者伸展肘部，左手向前伸出（图5.12），然后慢慢回到起始位。重复4到10次，然后双手互换，重复该动作。

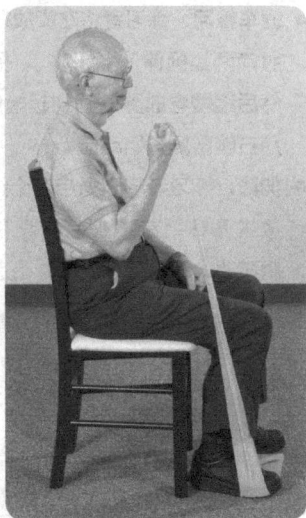

▶ **图5.11** 阻力带肱二头肌弯举

- **上背部练习**：练习者手握和脚踩阻力带一端，手垂下，掌心向后，弯曲手肘向背部方向拉带子（避免将肘部拉到背后）（图5.13），然后慢慢地伸直手臂。也可以将带子中间踩在脚下，同时用双臂完成。重复做4到8次。

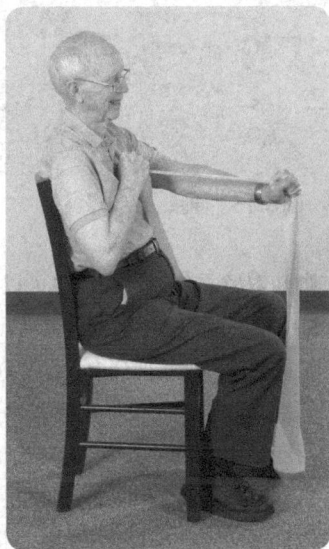

▶ **图5.12** 肱三头肌练习

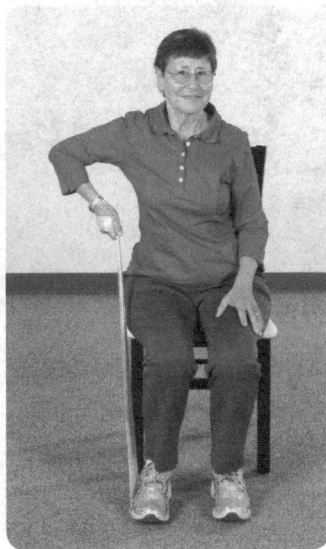

▶ **图5.13** 上背部练习

- **刹车练习：** 练习者将左脚放在带子中间，左右手各抓一端。将左膝向上向胸部方向拉，两肘向两边延伸（图5.14）。保持肘在两侧，左脚踩下，伸直左膝（像驾驶员踩刹车板），然后缓慢弯曲膝盖回到起始位。重复次数（4到12）取决于股四头肌和手臂的力量。再用右腿重复整组动作。
- **伸膝：** 练习者将阻力带打个结（形成一个封闭的圆圈），将圆环绕在右脚踝上，然后左脚放进圆环，左脚在前右脚在后（右脚在椅子下方最佳）（图5.15）。学员应该保持右腿不动（固定在一个点），左膝伸展4到12次。请换左腿固定，伸展右膝，重复该组动作。

> **注意事项：** 指示学员，脚在套着阻力带时，不得站立。

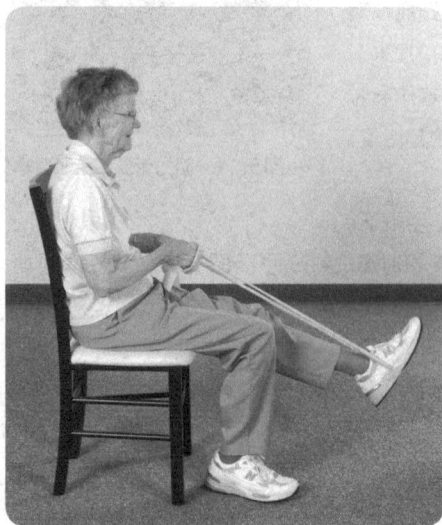

▶ **图5.14** 刹车练习　　　　　　　　　　　　▶ **图5.15** 伸膝

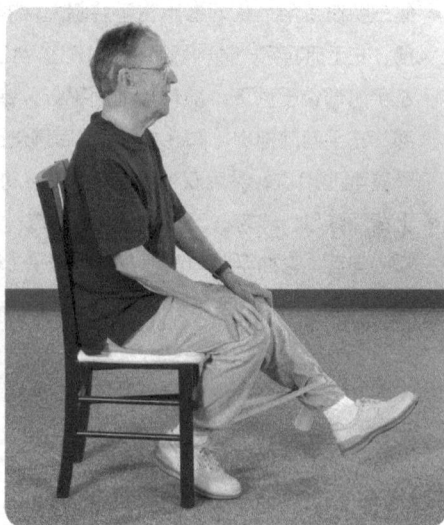

## 协调性和节奏性运动

可以用各种手臂运动，结合简单的腿部运动，来提高协调性。例如，使用同侧手脚，练习者将右脚向前触地，同时右臂向前摆动或推动，然后回到中立位（允许每个移动用1拍）（图5.16a）。左边手臂和脚，重复该动作。然后右脚向右侧跨，同时向右边推或摆动双臂，然后回到中立位（每个动作1拍）；左脚和双臂重复该动作。也可以变化方向（图5.16b）：练习者右脚向前移动，同时左臂朝前推或摆动，然后回到中立位（每个动作1拍）；然后左脚前移，同时右臂摆动或推向前，然后回到中立位（每个动作1拍）。接着，学员右脚向右移动，同时双臂向左摆动，回到中立位，然后左脚向左侧移动，同时双臂向右摆动，然后回到中立位（每个动作1拍）。

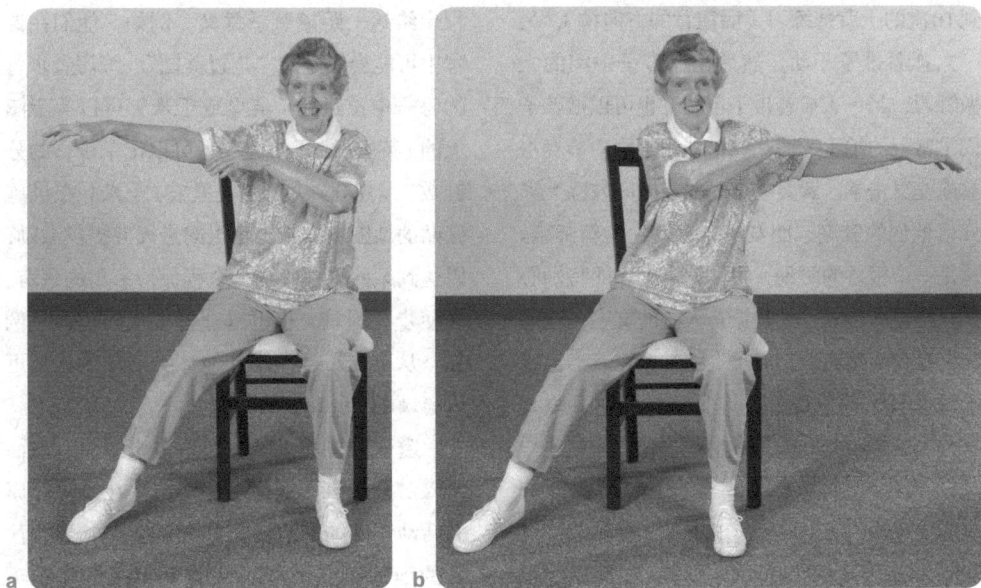

▶ **图5.16** a. 协调性——一致；b. 协调性——相反

使用一致或相反的动作，可以创造多种手臂和腿部动作的组合，这些练习需要专注和协调性。创建一些练习者可以学习并实践的简短动作，搭配上每个人都喜欢的音乐。完成一些有挑战性的动作，可增强练习者的自信，这也很有趣！

注意事项：**摆动手臂和腿时，不要额外加重量。**

许多节奏性活动可以修改为椅子练习。可以使用民间和广场舞形式，用原地踏步和提膝动作代替常规舞步。对于协调活动，可以设计8拍、4拍和2拍的动作。例如，8拍脚趾前点，8拍脚跟前压，8拍交替侧向触地，8拍前踢和8拍提膝；然后使用4拍，执行前面每个动作；然后每个动作2拍，直到每个动作1拍。

## 趣味性和社交性

课堂上使用图像很有趣，"在森林里散步"这门课模仿了许多运动，比如，爬上陡峭的斜坡，从熊身边跑过，爬树或者捡松果。你可以自己完成这个故事，或让每个学员自己想象一个动作。这是一个极好的交流机会，学员们的身体、社会性和认知都会涉及。可以采用一种熟悉的旋律，像是"高贵的约克公爵"，改善股四头肌的力量，使练习者能够维持轻松地从椅子起来或坐下的能力。例如，中立位坐在椅子上的人原地踏步并背诵道："高贵的约克公爵，有一万随从，他赶他们上山又下山。他们往上走时，站了起来；往下走时，倒了下去；他们走到一半时，不立也不倒。"每次说"上"时，学员们站起来；每次说"下"时，他们就坐下。说词句"他们走到一半时"时，学员站立起来成蹲的姿势，膝盖微微弯曲；只有在下次出现"上"时，再完全站直。用你的想象力，将其他的旋律与能促进运动的动作词结合起来，这很重要。

留出课堂时间用于社交。定期让学员面对面进行合作。用阻力带达到目的很合适。例如，让学员面对面坐得很近，一人抓住带子两端，另一人抓住中间。抓住两端的人做8

到10次的上背部练习（肘往背的方向拉），另一人抓着带子不动。然后让抓带子中间的人做练习，另一人抓着带子不动。也可以做孩子们常常玩的拍手练习，和搭档用不同的节奏击掌或交叉击掌。课要结束时，花时间鼓励大家分享他们的家庭、朋友或自己发生的新鲜事。这是一个极妙的时刻，可以分享今天的特别心得，简短的诗歌，或是振奋人心的文字，这些文字在商店贩卖的小册子上随处可见。当这成了课堂日常的一部分，许多学员都愿意跟大家分享他们听到的或是读到的事情。

# 站立训练

许多椅子训练练习者也有能力进行站立训练。如果练习者站在椅子后或椅子边，能很容易地完成前述的那些练习，那么也可以在包括步行、分组练习、靠墙练习、站立韵律练习中取得成功。

请注意遵循本章椅子练习部分概述的骨质疏松患者的预防措施。步行或进行有节奏的练习时，注意节奏不要剧烈变化。避免那些需要一次单腿站立超过10秒的练习，以及那些单腿站立的同时还要扭转身体的运动。

## 步行课程

步行是一个非常棒的锻炼，也非常受欢迎。为了增加课程的趣味和欢乐，创建课程时，在课内或课外要设置步行的部分。在整个课程中标记进步点，这样在课上和课后都能持续跟踪学员的努力。提醒步行练习者保持好体态，并保持目光前视（而不是向下看），表现出"骄傲行走"的样子。步态不稳的练习者可以在走廊上使用扶手（如有），同时仍然集中精力保持平衡，保持目光前视。

记录每个人行走的距离，并且在地图课程中给这一距离赋予意义。例如，他们在课程中可能会决定想"走过美国"。练习者步行的每一单位距离（英里或千米）可以等于图上的1英里或1千米，或者可以记录步行的分钟数，让1分钟等于1英里或1千米。在设施张贴的地图上图示出小组的进展并提供激励，以达到某些里程碑或是全程保持参与的兴奋。即使步行困难，也可以选择替代的练习。例如，从事椅子运动或其他体力活动的人，可以记录运动所花费的时间。

邀请更多的人参与，将健康的所有方面纳入激励计划。例如，在任何旨在改善健康的活动（例如，站桩、减压课程、对"旅行"目的地的研究）可以等同于20英里或20千米。这种类型的计划给项目相关的庆祝和趣味活动提供了无限的吸引力。

整个步行课程的细节都可以在健康工作站中张贴出来，以增加兴趣和欢乐。包括一系列涉及运动范围、力量、平衡和协调性的练习。例如，让练习者进行跟腱拉伸（第72页）或后压（第73页）的练习。让他们执行横臂（第68页）和拉伸颈部等上身运动。健康工作站可以用最简单的形式说明要求，例如画一条线。但每一个要求都是一个功能性的目标。在有扶手的地方便可以进行扶手的练习，而在墙附近则可以安排靠墙、推墙的练习活动。（请参考第80到82页中介绍的在健康工作站中的练习项目。）

## 健康工作站

使用工作站的概念，可以从多个维度考虑身心健康。以日常生活中常见的活动开始，然后兼顾其他维度的健康，如情感、精神、社交、智力或职业。使用这些工作站鼓励思考、激发好奇心、鼓励与他人的交往。确保体育活动简单易行，确保练习者的不同功能性能力

都能得到锻炼。寻找方法来提升信心、自我
责任心以及积极应对生活的挑战。

健康工作站可以作为课堂的一部分，也
可以作为以人为主导的课程替代品。练习者
可以根据自己的时间和条件选择工作站，而
工作站为那些积极保持健康和幸福的人提供
了长久的机会和鼓励。请参阅第3章的讨论，
自我责任对健康结果的重要性。

我与简·蒙塔古合作开发的全身心健康工
作站，清楚地说明了工作站的概念。由于开发
出了适合于老年人的革命性产品，在2003年
获得了全国老龄问题委员会颁发的最佳实践
奖。如下所示列举了健康工作站的一些例子。

■ 起身迎接，是第3章（第36页，图3.1）
  的场景，描述了椅子上的起身运动（身
  体上），以及鼓励练习者拥有开放的
  社交和积极的生活态度（社交和情感
  方面）。

■ 停下脚步，细嗅玫瑰，让练习者可以通
  过一些细小的事情，感受到快乐（情
  绪上），进行主动呼吸和上身的肢体运
  动（身体上）（见右上角图）。

■ 一步一个脚印，让练习者感受从脚跟
  到脚趾头的步行方式，挑战他们的平
  衡和姿势；并鼓励他们看到自己的进
  步，而不是关注自己的局限（情感上）
  （见中间的图）。

■ 数数你的幸福，提醒练习者拥抱生活
  中或大或小的所有的祝福；还可以通过
  伸展手指练习来提高手的功能性（身体
  上）（见右下图）。

可以更加个性化地使用健康工作站，将
其纳入课程中，或创建一系列独特的、更容
易接受的健康课程工作站。

停下脚步，细嗅玫瑰

我愿停下脚步，深深
吸气，唤醒我的感官

练习主动呼吸
■ 抬起胳膊，同时深深吸气
■ 放松手臂，尽量吐气
■ 重复3到5次

今天起，我要享受当下
感受身边的动人美景、悦耳之音、芬芳香气

停下来·呼吸·觉醒

一步一个脚印

我相信自己可以

"自信地迈开步伐"
■ 举起一只手臂扶住栏杆，尽量站直
■ 目视前方，将脚后跟向脚趾方向移动
■ 保持姿势，将脚趾向脚后跟方向移动
■ 重复数次

抬起头来，让视野越过极限，展望未知的可能

自信·可能·进步

数数你的幸福

我知道自己生命中
那些幸福的事

"一个个，数出来"
■ 轻轻抬起一个手指，并将其拉伸
■ 保持姿势，感恩拥有
■ 对每一件事，每个手指进行重复

每一件幸福的事都是珍贵的礼物
我对每一件幸事心怀感恩

懂得·感恩·乐观

© 2002 Montabue, Eippert and Assoc. + Seniors Unlimited.

▶ **墙壁练习**

墙壁练习是对椅子和倚靠椅子练习的有益补充。前中立位被定义为面朝墙壁，双手手掌触墙。侧中立位是侧面站立，手掌放在墙上，肘部微微弯曲。

■ **俯卧撑：** 练习者以前中立位站在距离墙壁30到40厘米处，两脚并拢，手掌与肩同高同宽撑在墙上。弯曲肘部朝向墙壁，然后调整肘部推离墙面，保持其手掌与墙壁接触，脚踩地面背部挺直，全程动作要缓慢（图5.17）。为了创造更多的阻力来提高上身力量，练习者可以将阻力带绑到背上，另一端绑在手掌上。练习者远离墙壁时，同时也要克服阻力带的阻力。

■ **爬墙：** 这个练习以前中立位开始，两手在肩的高度，身体非常靠近墙壁。练习者手掌爬行到最高点（8拍）（图5.18），并坚持8秒。然后手掌爬回原来的位置，往后退几步（手掌仍然接触墙面），背部挺直，面朝下。在此过程中，膝盖稍微弯曲，背部尽可能地挺直。

**注意事项：** 有平衡障碍的练习者，不应进行爬墙练习的后半部分。

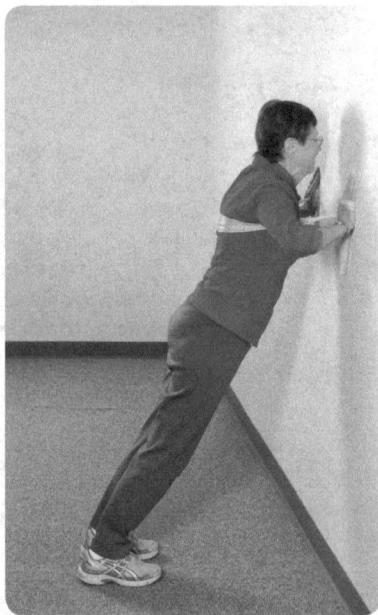

▶ **图5.17** 带手部阻力的推墙俯卧撑

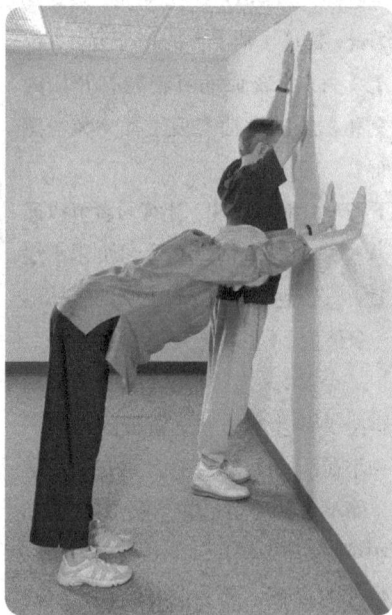

▶ **图5.18** 爬墙

- **伸展肩膀：** 练习者侧面中立位站，看着另一边肩膀，慢慢撑起手臂远离墙壁（图5.19），坚持8秒，然后慢慢地返回中立位。然后，另一侧重复该运动。
- **墙蹲：** 背靠墙壁，双脚离墙壁30到40厘米，参与者弯曲膝盖直到像是坐在椅子上（弯曲不要超过90度）（图5.20）。然后，背部贴墙，膝盖慢慢伸直。每次练习者须保持椅子姿势15秒。

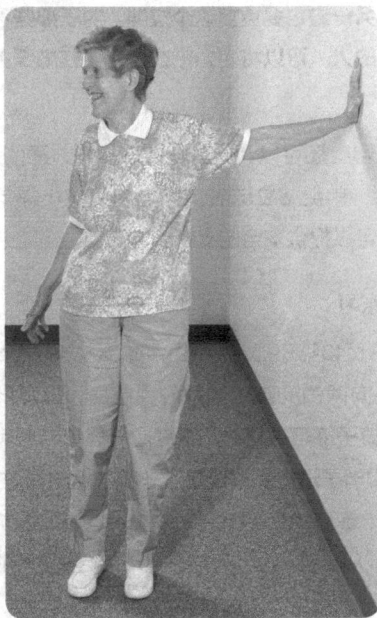

▶ **图5.19**　伸展肩膀

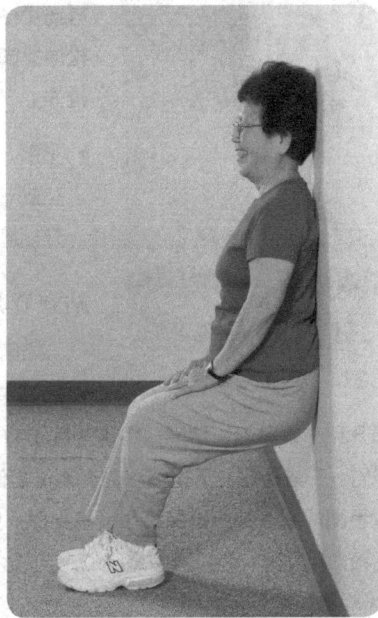

▶ **图5.20**　墙蹲

**注意事项：** 站立不稳，或者股四头肌虚弱的人，不要做墙蹲练习。不要在光滑的地面做这些练习。

- **侧腿提升：** 以侧中立位开始，练习者将小腿朝远离墙壁方向抬起（向身体另一侧），保持脚趾笔直向前（不要外翻），脚弯曲。支撑腿也应略微弯曲。练习者在一侧连续进行8次起身，再切换到另一侧。
- **侧伸展：** 侧面站立，开始左侧面对墙壁，练习者右臂伸过头顶并弯向墙壁（1，2，3，4拍），侧向弯曲。保持伸展4拍（5，6，7，8拍），同时保持正常的呼吸，然后，随着右臂垂下回到身体前方（1，2，3，4拍），返回中立位（5，6，7，8拍）。右边重复伸展运动4次，然后是左侧。
- **腓肠肌伸展：** 练习者以前中立位开始，右脚脚尖紧贴墙壁，右膝弯曲，同时左腿伸直（即右前倾位置），将左脚跟压向地板保持8拍。然后换另一侧，右脚伸直，重复该运动。

▶ **图5.21** 股四头肌拉伸

■ **股四头肌拉伸：**以左侧面向墙壁开始，练习者右手抓住右脚踝，弯曲膝盖，将右脚跟拉向臀部（图5.21）。保持右膝盖朝向地面，左膝微微弯曲。参与者不应弓背或弯腰，拉伸时膝盖不得移动。

注意事项：脚跟不得碰触到臀部，因为过度弯曲膝盖很容易受伤。另一边也要重复这个拉伸。对于那些不能轻松地抓脚踝的人，可以将阻力带或领带绕在脚踝上帮助拉伸。

■ **平衡：**练习者还可以利用墙壁做些平衡方面的工作，垫脚站立、单腿站立或者向前或向后做小幅单腿提升。墙壁可以提供安全的支持。

### 站立节奏练习

如第88页和第89页中所说明的，站立的节奏练习包括简单地向两侧的脚趾触地脚跟前压，以及向后的膝盖提升和小幅踢腿。然而，将这些运动纳入椅子练习课程时，需考虑一些参与者可能有平衡障碍。在进行站立节奏练习时，无论是使用椅子进行支撑还是一只手扶墙的墙边站立，或手拉手围成圈，都应确保练习者有支撑。如果练习者在平衡活动中拉手，请注意参与者的身高和力量差异，避免身材娇小的人和高大的人拉手，他们可能在运动中会失去平衡。

# 低冲击有氧练习

这个课程的目标受众是有身体独立性的成年人，他们有足够的平衡和力量，从一只脚轻松移动到另一只脚，在向前、向后、侧向移动中都不需要帮助。伴随着音乐的持续运动与运动范围和协调性的相辅相成，低冲击有氧运动提升了氧的耐受力。其他目标包括力量、灵活性、平衡性和敏捷性的提升。

## 课程形式

课程开始前，做一个预锻炼心率检查。然后伴随音乐进行10到20分钟的持续热身，以增强血液循环，并帮助每个人舒适地运动。接下来是20到25分钟的有氧阶段，应包括仔细监测运动强度（第4章）。

最后一个阶段是15到20分钟的恢复，包括平衡和协调性工作，然后伸展和放松。这是一个传递健康信息、智慧和幽默的好机会，也是一个公开分享心得的好时机。课程要给社交和个人互动计划留出足够的时间。交流的机会有时会自然出现，但是注意在课堂上要把社会性放在优先位置。

## 运动安全

运动的关键就是要简单，这样多数时候班级里的每个人都能成功。复杂的运动方式或组合会让许多练习者望而却步。每次以身体的一个部分开始运动，随后增加第二个。例如，以脚部运动开始，当全班成员都正确地做到时，再增加手臂运动。

为了使课堂有趣，可以使用各种各样的手臂动作。交替使用不同侧的手臂和腿部动作，并辅以同侧的手臂和腿部（一致的）动作，可以增加多样性并改善协调性。要让运动的方式多样化，如与伙伴们时而面朝前站成行，时而围成圈，时而站成直线。许多民间舞蹈和简单的线性舞蹈，在进行简单而安全地修改后可以变成运动动作。可以简单地将跳跃步改为提膝步，把动作顺序设置得复杂一些，或者比原始舞蹈更慢地进行转向动作。例如，将一个快速的先右后左的滑步（计数1、2拍时向右，计数3、4拍时向左），改成跨步（计数1到4拍时向右，计数5到8拍时向左）。费尔比·艾克曼（2008）提供了已经在她的老年人课程中测试过的各种改编民间舞版本。请参阅本章后面的表5.1，了解常见动作列表及其在课堂中最合适的用法。

设计动作增加多样性和趣味性的同时，需要对所有运动的益处和潜在的风险进行评估。例如，没有针对腿部和臀部肌肉做足够的热身，以及脚趾和脚后跟也没有向前或侧向热身的情况下，是不允许做侧身动作的。侧向滑动步和快速交叉步（类似交叉步）很容易跌倒，因此不应用于能力水平参差不齐的班级。可以将交叉步调整为跨步到一边，再合起，再次到一边。

原地踏步是一个很好的过渡步骤，应在运动方向或运动方式有变化之前使用。这样，在变向或专注于一系列新步法前，每个人能够先集中精力。面向所有练习者（镜像运动），可以立即知道练习者在运动中是否有困难。在原地踏步时，使用手势信号和口头暗示向所有人指示运动方向。当手拉手围成圈练习向右移动时，让练习者右脚先敲几下地面，确保每个人的右脚都能正确地跨到一边。必要时再次重复这样的敲击，保持流畅的圆周运动。

## 热身和恢复

如第4章中所讨论的，热身的目的是增加体温，为更剧烈的运动做准备。让练习者做些社交和情感互动，观察身体对运动的反应。恢复的目的是使体温和心率恢复到活动前的水平。基本上是一些额外的练习，以增加灵活性和促进放松。

伴随着舒缓的、容易辨别节拍的音乐（每分钟100到110拍），先进行10到15分钟的轻柔持续运动和小幅活动，再开始低冲击有氧运动课程。使用简单的手臂和腿部活动，范围逐渐扩大。每组以脚下动作开始，然后添加手臂动作。逐渐加大手臂动作配合协调的难度。例如，从肱二头肌弯举和手臂摆动开始，从前到后，从一侧到另一侧，单臂摆向前、下和身体两侧。再到双臂摆向前面，两侧，越过身体和头顶，开始时腿的方向一致，然后腿的方向与其相反。热身运动是练习中强调姿势、身体机能和呼吸技巧的完美时段。

用简单的步法开始热身，例如在原地踏步，脚趾和脚跟向前压，然后结合踢腿和提膝的动作使髋关节得到充分热身。在运动前使用固定位运动，确保练习者在运动前，不会因为双脚间承重变化发生平衡问题。开始运动时，先向前和向后运动，然后再侧向行进。

## 低冲击热身运动示范

*Celestial Soda Pop* 这首歌，以及其他一些从"*Deep Breakfast*"专辑中选出来的每分钟110到120拍的音乐。

**A**

原地踏步（两个8拍）。

缓慢下蹲的同时转肩（向前8拍，向后8拍）。

再次原地踏步，两手慢慢交叉在身前，形成一个大大的圆圈，绕过头顶时打开（8拍）。

继续踏步的同时，垂下双臂到身体两侧（两个8拍）。

**B**

双脚脚趾交替向前触地（8拍）。

双脚重复上述动作，同时增加双臂一前一后，前后摇摆（手脚的方向要相反）（3个8拍）。

重复A。

**C**

双脚脚跟交替向前触地（8拍）。

双脚重复上述动作，同时增加双臂一前一后，前后摇摆（手脚的方向要相反）（3个8拍）。

重复A，但不转肩。

**D**

双脚脚趾交替向两侧触地（8拍）。

做上述动作的同时，增加手臂从一侧摆动到另一侧的动作。

**E**

交替抬腿，双手触膝（两个8拍）。

重复A，但不转肩。

重复B、C、D和E，但是摆臂换成向上举、向前举和向下垂。

通过使手臂和腿运动方向保持一致或相反，一边手臂或同时两边手臂都参与，来增加动作变化。

**F**

交替向前后两侧小踢腿（两个8拍）。

原地踏步，并扩胸运动挤压上背部，手臂画圈，或者双手交叉举过头顶互握（两个8拍）。

交替向前后两侧踢腿（两个8拍）。

双臂放松地原地踏步。

**G**

向右跨步，向左触摸；向左跨步，向右触摸（8拍）。

向前移动时，行进步触地（8拍）。

原地踏步时，行进步触地（8拍）。

向后移动时，行进步触地（8拍）。

前后移动的同时（两个8拍），手臂从一侧摆向另一侧。

　　用约10分钟的时间，做以上的动作。用每分钟110到120拍的音乐。大家面朝前，手拉手形成一个圈，松手向后把圈拉大（重新开始手臂运动），然后再回到原来的位置。避免快速的手臂动作。拉紧手形成的圆圈，允许你用更复杂的步法。注意观察练习者的反应，可以询问他们，鼓励他们进行社交互动，想想一天的目标等等。

## 低冲击降温运动示范

　　随着麦克斯·拜格雷夫斯的音乐"*Somebody Loves Me*"和其他的一些每分钟110拍或更少的音乐响起，圆圈队形中的每个人脉搏开始平复，慢慢地开始了降温恢复过程。

A
低强度原地踏步走（两个8拍）。
向前移动时，交替步触摸（两个8拍）。
向后走（两个8拍），圆圈会更大，保持圆圈。

B
脚趾交替前触地（两个8拍）。
脚跟交替前触地（两个8拍）。
脚趾交替侧向触地（两个8拍），同时向相反的方向摆动手臂（非常缓慢地移动）。

C
原地踏步（两个8拍）
双手围成大圈，举过头顶，然后放下（1次）。
转肩（向前8拍，向后8拍），同时屈膝和伸膝。

D
脚趾交替侧向触地（两个8拍），手臂反向运动。
原地踏步（8拍）。
脚趾侧向触地（两个8拍），同向摇摆手臂。
大家手拉手成一个圆圈，右脚向前敲击地面8到16次，直到所有参与者都正确地将右腿迈出。

E
保持圆圈队形，向右边移动（跨步，并腿，跨步）8拍。
向左侧重复上述动作。

（续）

低冲击降温运动示范（**继续**）

左侧重复（8拍），右侧重复（8拍）。

右侧跨步（4拍），左侧跨步（8拍）。

重复右侧和左侧（8拍）。

右侧跨步（1，2拍），左侧跨步（3，4拍）。

重复右侧（5，6拍），左侧（7，8拍），再次重复8拍。

重复所有组动作。

注意：提前提示改变方向。如果练习者感到困惑，就在原地用右脚脚趾敲击地面，直到每个人都右脚向右侧移动，此时再次开始。使用每分钟110拍的节奏缓慢的音乐。音乐不需要有明显的节拍，而是要放松的旋律或乐器演奏。

重复A到D动作。

站成一个圆，做上身、下身的拉伸动作，比如双臂过顶拉伸、跟腱拉伸（弓箭步）、肩部伸展（双臂在身前身后交叉）和拉伸腘绳肌（脚跟向前伸展，髋部向前弯曲）。在做弓箭步和拉伸腘绳肌时，让练习者互相握住手。还可以通过握住双手，同时抬起右膝坚持4拍，右脚跨过左脚点地（4拍），抬起右膝（4拍），然后跨步。左侧重复该动作；重复每个动作2拍。平衡工作贯穿拉伸前后，并限制其时间。利用这段时间与练习者建立联系，谈谈课后计划，并分享一些有趣的信息。

经过8到10分钟的积极放松，检查脉搏和感知疲劳分级，然后过渡到更静态的灵活性练习和放松练习。在垫子上做些下背部拉伸、拉伸腘绳肌（可以使用拉伸辅助）和跨越运动。为了增加腹部力量，不同拉伸活动中间穿插一组10次的卷腹。结束时，练习者放松呼吸平躺下，闭上眼睛深呼吸。用安静的音乐，并想象欢快的场景，让自己更加放松。

有关热身的示例，请参阅"低冲击热身运动示范"（第84页）。练习者在开始有氧阶段之前，热身之后，进行心率检查。

在有氧阶段之后，立刻检查10秒心率值，漫步一分钟，再次检查10秒心率（参见第4章有关心率检查的详细信息）。然后通过5到10分钟低强度持续运动开始降温放松，让身体从紧张过渡到休息状态。用侧向或前后小幅跨步、原地踏步以及逐渐降低强度的前后和侧向压腿，来恢复心率和呼吸。手臂轻柔而舒缓地运动，位置主要在肩部以下。以低强度、持续的动作融合轻柔的伸展和协调与平衡活动。

降温放松的最后阶段应该包括静态拉伸（肌肉和结缔组织是最柔软的）和放松活动。躺在地板上拉伸，这样一个肌肉群拉伸时，身体的其余部分是放松的。课程快结束时，专注于如深呼吸类的放松活动；播放轻松的音乐，并尽可能使用柔和光线。离开前，鼓励练习者花点时间在社交上。参考"低冲击降温运动示范"（第85页）的示例，了解健康老年人恢复放松的情况。

## ▶ 特殊的有氧锻炼

下表锻炼运动的描述和说明，可用于热身、有氧和恢复放松阶段。热身阶段，在舒缓节奏的音乐（每分钟100到110拍）下锻炼，加速血液循环。有氧阶段，伴随着快节奏的音乐（每分钟120到140拍）做更快、更兴奋的运动，将心率提升到运动区间值。在恢复放松阶段，再次放缓动作，降低心率到正常水平，为拉伸做准备。表5.1列出了可以在每个阶段使用的练习，以及专门针对特定阶段的练习。

### 表5.1 陆上低冲击课程

| 低冲击陆上练习 | | | | | | | |
|---|---|---|---|---|---|---|---|
| 腿部运动 | | | | 手臂运动 | | | |
| 练习 | 热身 | 有氧 | 恢复放松 | 练习 | 热身 | 有氧 | 恢复放松 |
| **原地运动** | | | | 单臂或双臂画圈（肘微屈） | √ | √ | |
| 踏步走 | √ | √ | √ | 雨刷运动 | √ | √ | |
| ·脚趾前点地 | √ | √ | √ | 肱二头肌弯举 | √ | √ | √ |
| ·脚趾侧点地 | √ | √ | √ | 摆臂（腿同向） | √ | √ | |
| ·脚趾后点地 | √ | √ | √ | 摆臂（腿反向） | √ | √ | |
| ·前压腿 | √ | √ | | 摆臂（双臂一前一后） | √ | √ | |
| ·侧压腿 | √ | √ | | 摆臂（双臂向前，或向后） | √ | √ | √ |
| ·向前小踢腿 | √ | √ | √ | 过顶摆臂 | | √ | |
| ·提膝 | √ | √ | | 过顶压手掌 | √ | √ | |
| 侧前方抬膝 | √ | √ | | 向前压手掌 | √ | √ | √ |
| 抬膝，小幅踢脚（歌舞线） | √ | √ | √ | 侧向压手掌 | √ | √ | √ |
| 向后抬脚后跟 | √ | √ | | 向下压手掌 | √ | √ | √ |
| 脚趾前向、侧向、后向点地，跨步 | √ | | √ | 斜向上压手掌 | √ | √ | |
| | | | | 交叉双臂 | √ | √ | |
| 脚趾前向、侧向、前向点地，跨步 | √ | | √ | 前后爬行 | | √ | |
| 查尔斯顿步 | √ | √ | | 稻草人舞步 | | √ | |
| 方形步 | √ | √ | | 分臂 | √ | √ | √ |
| 侧步点地 | √ | √ | √ | 伸出拉回 | √ | √ | √ |
| **行进中运动** | √ | √ | | 两侧打开，前方交叉 | √ | √ | |
| 上面标星号的练习 | √ | √ | √ | 过渡： | | | |
| 跨步（向前或向后），触地 | √ | √ | √ | • 确保每次从一个部分运动开始，然后增加其他部分的运动。例如：先进行足部运动，再增加手部运动。 | | | |
| 两步模式 | √ | √ | | | | | |
| 前向疾步走 | √ | √ | | | | | |
| 后向疾步走 | √ | √ | | • 转向前，先回到起始位置（踏步）。 | | | |
| 侧向疾步走 | √ | √ | | • 圆圈队形下使用"向右（左）看"或"向右（左）走"等口令，确保每个人都明应该向哪个方向行动 | | | |
| 大家拉成圈，再向前、向后或者绕圈走 | √ | √ | √ | | | | |

　　中立位面向前方，重心均匀分布在双脚，双臂放松垂于身体两侧。做运动时，练习者应微微屈膝提升平衡性，重心在双腿的移动中轻松地转移。

▶ **图5.22** 压脚跟

### 静态锻炼

■ **原地踏步：** 简单的踏步（右脚、左脚、右脚、左脚）是转向行进前后常用的很好的过渡。8到24拍是过渡步法的合适次数。

■ **压脚跟：** 重心落在左脚上，跨出右脚，并使右脚跟点地（图5.22），右脚收回到中立位，然后，跨出左脚，左脚跟点地，左脚收回到中立位（用4拍完成）。

■ **重复该运动：** 右脚跟点地、跨步，左脚跟点地、跨步。也可以向侧面压脚后跟。练习者弯曲右腿向侧方伸展，与地呈45度夹角，收回右腿到中立位，然后将左脚伸展到左侧，与地呈45度夹角，收回左脚到中立位（用4拍完成）。不要向后压脚跟。

■ **脚趾触地：** 练习者做上述压脚跟的运动，但是以脚趾触地代替脚跟触地。向前时，脚趾点地，侧点地即直接将脚趾点向侧面（图5.23）。脚趾触地运动也可以做向后点地。

■ **小踢腿：** 做上述压脚后跟的运动，但不是压脚，而是将脚踢起来，脚的高度要低于膝盖位置（图5.24）。小踢腿可以向前面或者侧方，但不可以向后踢。

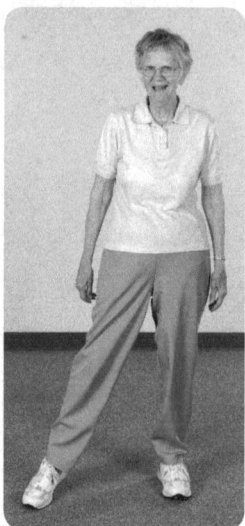

▶ **图5.23** 脚趾触地

▶ **图5.24** 小踢腿

- **提膝：** 重心落在左脚上，抬起右膝盖（图5.25），右脚踩下，抬起左膝盖，再踩下左脚（用4拍完成），重复几次作为一组。向前抬膝，或者以45度角向侧方抬膝。也可以两倍完成，即抬起右膝，踩回地面，再次抬起右膝，然后右脚踩地（用4拍完成）。练习者不要直接向侧面做抬膝运动。这组动作包含较难的转髋，对一些人来说，单腿站立会不安全。

- **歌舞线（抬膝，小幅踢脚）：** 练习者将重心放在左脚，提右膝，右脚趾点左脚旁边的地面，微微踢右脚，脚面低于膝盖，右脚站回原位，然后左腿重复以上动作。

- **后抬脚：** 重心落在左脚上，弯曲右膝，将脚后跟向臀部方向抬（膝盖应弯曲约90度）（图5.26），右脚踩回原地，左脚跟向臀部抬起，然后左脚踩回原地（用4拍完成）。做这一运动时，要控制膝盖的弯曲，而不是将脚跟甩向臀部。

- **查尔斯顿步：** 重心落在左脚上，右脚向前小踢腿，右脚站回到左脚旁，左脚向后伸展，左脚站回右脚旁（用4拍完成）。重复做几次这组动作。做左侧的动作，练习者首先将重心放在右脚上，然后左脚向前方小踢腿。

- **方形步：** 重心落在左脚上，右脚向前跨出，左脚向前跨出，右脚收回，然后左脚收回（用4拍完成）。

- **侧向跨步，触碰：** 重心落在左脚上，练习者右脚向右侧跨步，右脚的脚尖点地，然后回到原位，左脚向左侧跨出，左脚的脚尖点地，然后回到原位（用4拍完成）。

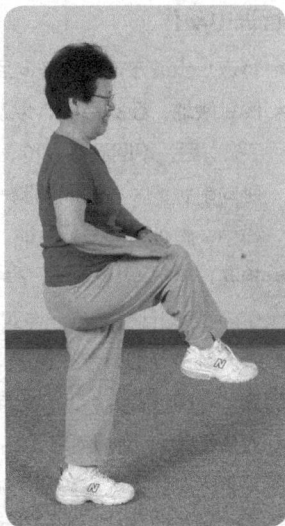

▶ **图5.25** 提膝

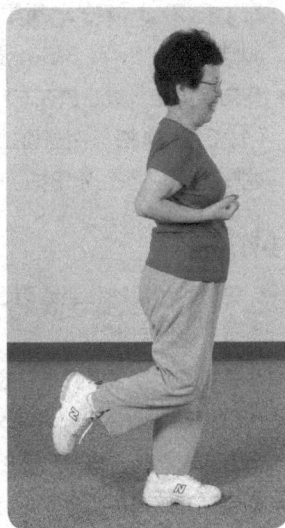

▶ **图5.26** 后抬脚

## 行进中动作

■ **行进：** 步进方式向前或向后。

■ **脚趾触地，压脚后跟，以及小踢腿：** 在做完脚趾触地，压脚后跟，或小踢腿（1，3，5，7拍）后，不回到中立位，而是向前或向后跨步，以2、4、6拍和8拍计数。例如，右脚趾向前触地，右脚向前跨一步，左脚趾向前触地，左脚向前跨一步（用4拍完成）。该动作中，脚趾不得向后触地。

■ **抬膝：** 抬膝（1，3，5，7拍）后，腿部不放回承重脚旁，而是向前或向后跨步，以2、4、6拍和8拍计数。不允许双膝同时抬升。

■ **跨步触碰：** 重心落在左脚上，右脚向前跨步，右脚的脚尖点地，然后回到原位，再跨左脚，左脚边脚尖点地，然后回到原位（用4拍完成）。这一运动也可以向后做。

■ **双步模式：**（这个练习，按半拍计数：1和2拍，3和4拍）重心落在左脚上，跨出右脚，再跨出左脚挨着右脚，右脚再跨出，左脚跨过右脚，右脚跨出挨着左脚，左脚跨出（用4拍完成）。提示短语是"右前，靠近，右（1和2拍）；左前，靠近，左（3和4拍）"。

■ **疾步走：** 开始时，重心落在左脚上，迈步朝前走，右脚，左脚，右脚，左脚碰触右脚脚趾（1，2，3，4拍）。重复以上动作，但是是往后走，左脚，右脚，再左脚，右脚碰触左脚脚趾（5，6，7，8拍）。提示语是"右前，左，右，左点，左后，右，左，右点"。

■ **侧向疾步走：** 重心放在左脚上，迈右脚，左脚跟上，再跨右脚，然后左脚碰触右脚脚趾（1，2，3，4拍）。重复这组动作，这次先迈左脚，右脚靠上左脚，再跨左脚，右脚碰触左脚脚趾（5，6，7，8拍）。提示语是"右侧，靠近，右，左点；左侧，靠近，左，右点"。

## 手臂运动

先做脚步运动，当练习者都能正确做动作的时候，增加手臂动作。中立位是双手放松地轻垂于身体两侧。

■ **手臂打圈：** 练习者将一只或两只手臂向前或向外摆动，肘部在整个运动中略微弯曲。

■ **雨刷运动：** 两只手臂在身体前方，肘部弯曲，手掌向前倾斜，练习者将双臂向右移动，然后向左移动，模拟挡风玻璃刮水器的动作。

■ **双臂交替肱二头肌弯举：** 练习者双臂向前向下垂，掌心朝上。弯曲右肘（手掌向上），然后伸直右肘的同时，弯曲左肘（手掌向上）。以此口令重复动作"右边弯，左，右，左"。双臂可以同时弯举0.45到1.36千克重量。

■ **摇臂：** 参与者向侧面、前面或后面摆动一个或两个手臂。手臂摆的方向可以与脚的方向一致（如，手脚在同一侧）（图5.27）或者相反。摇摆可以一只手臂在前，一只在后，和脚的方向可以一致或相反。每个方向每次摇摆计数2拍。

▶ **图5.27** a. 同向手臂摇摆；b. 反向手臂摇摆

- **手臂过顶摆：** 双臂伸展举过头顶，手掌朝外，练习者双臂交替摆动。也可以单臂做该运动。
- **压手掌：** 开始时中立位，练习者弯曲单肘或双肘，双手向上伸越过肩膀，然后伸直肘部，手腕外翻，手掌摊直（向上压手掌），向前（手掌前压），向两侧（手掌打开压向两侧），或者向下（手掌向下压）。也可以一次一只手，向上压，向前压，向侧面压，向下压或者斜着越过头顶压（图5.28）。
- **交叉双臂：** 以中立位开始，练习者在身前腰部位置交叉双臂，打开到两边，然后在身后交叉上臂（腰部位置），向两侧打开（各计数1次）。身前交叉可以在胸部位置完成，交替左手压右手，右手压左手。肘部应略微弯曲。
- **稻草人舞步：** 以中立位开始，练习者向两侧抬起弯曲的双肘，掌心朝后，然后伸直肘部伸直双臂，保持手掌朝后。继续运动，弯曲和伸展肘部。
- **两侧打开，前方交叉：** 以中立位开始，练习者向两边打开双臂（1，2拍），然后在胸前方交叉双臂（3，4拍）。
- **勺臂：** 练习者弯曲肘部，手靠在髋部，双臂形成一个小圆周。
- **伸出拉回：** 从中立位开始，练习者在胸前位置笔直伸出双臂，然后拉回肘部到髋部位置，每下计数1。
- 参见"低冲击有氧运动示例"（第92页）中的例子。

▶ **图5.28** 斜向压掌

## 低冲击有氧运动示例

音乐：格伦·米勒的"*Chattanooga Choo-Choo Boy*"和"*In The Mood*"、罗杰·米勒的"*England swings*"、麦克斯·拜格雷夫斯的"*Bye Bye Blackbird*"，以及其他每分钟120到140拍的歌曲。

**A**

快速向前（8拍）向后（8拍）跨步。

快速向前跨步（4拍），向后跨步（4拍）；重复。

原地踏步（8拍）。

在原地，向前踢同时同向摆臂（8拍），向侧面踢同时反向摆臂（8拍），重复。

原地踏步（8拍）。

重复A组动作。

**B**

手臂叉腰，快速向右侧跨步（8拍），原地踏步，左侧重复前述动作。

用4拍重复上述动作，右，踏步，左，踏步。

向左右两侧快速跨步（各8拍），同时手举过顶。

原地踏步（8拍）。

以4拍重复上述动作，右边，左边，右边，左边。

原地踏步（16拍）。

重复B组动作。

**C**

站在原地，提膝的同时，反向摆动双臂（8拍）。

抬腿，用手肘碰触膝盖（8拍）。

向前移动，抬膝的同时，双手碰触每个膝盖。

原地抬腿，用手肘碰触膝盖（8拍）。

原地踏步（8拍）。

向后移动，提膝的同时，双手碰触每个膝盖。

原地踏步（16拍），同时双臂过头顶围成一个圆。

重复C组动作。

**D**

小组练习者踏步靠近组成一个圆（16到24拍）；手臂同向摆动到大家足够近，方便手拉手。

大家手拉手踢腿前进（8拍）或后退（8拍）。

大家踢腿前进（8拍），然后放手并向后退（8到16拍），形成一个开放的大圈，同时双手反向摇摆。

快速向前跨步形成一个圆圈（4拍），然后向后（4拍），重复。

原地踏步（8拍），然后向后跨步（8拍）。

重复D组动作，后退时，面朝前方。

**E**

向后提脚后跟，同时双臂伸出并拉回（两个8拍）。

提膝并小踢腿，左右腿交替（两个8拍）。

原地踏步（8拍）。

脚趾向前点地（8拍），脚跟下压（8拍），同时双臂向两边打开，然后在身前交叉。

抬膝（8拍）同时压双掌过头顶。

重复E组的动作。

**F**

大家面对面站成两排，确认对面的搭档（16到24拍）。

快速向搭档方向跨步（4拍），然后往回走（4拍）；重复。

绕着搭档走，然后回到起始位置（do-se-do背对背互换位置的舞步）（8拍）；另一方向重复做一遍。

重复小碎步，并做do-se-do（背对背互换位置舞步）组的动作。

原地踏步走（8拍）。

向前压脚后跟（8拍），再向侧面压脚后跟（8拍），向前小踢腿（8拍），向侧面小踢腿（8拍）；同时交替双手掌上压，下压，压向侧面。

以小碎步开始，重复F组动作。

以顺序或随机序列或者任何序列组合，重复A到F所有组的动作。可以改变手臂运动、改变运动形式、增加或者减少重复次数。所有的手臂运动都保持一个合适的速度。例如，"双臂向两边打开并在身前交叉"，用2拍打开手臂，用2拍交叉，而不是1拍打开，1拍交叉。使用舒缓的有氧运动（每分钟120拍），而不是快速的音乐（每分钟130到140拍），牢记在有氧运动阶段至少检查3次脉搏。在有氧阶段的最后，检查1分钟恢复阶段脉搏（第4章）。

## 地板运动

地板运动应在垫子上或柔软的表面上做。如果场地无法提供足够大的垫子，练习者需要自备；幸运的是，我们可以找到很多种类不同而且实用的运动垫子。如果一些练习者不能或不愿在垫子上做这些练习，可以稍稍修改动作，在椅子上或靠墙练习。

■ **卷腹：**背部中立位躺下（即背靠地，脚平放在地板，膝盖弯曲），双手放在耳后或胸前交叉，动作要慢。肩膀抬离地面不超过15厘米。为了避免拉伤颈部，每组最多做10次。用其他较轻松的地板运动和卷腹交替锻炼，使颈部处于完全放松的位置。

■ **膝抱：**以中立位开始，参与者双臂抱住膝盖下方，膝盖缓慢地靠向胸部，轻柔地伸展下背部，同时正常呼吸。抱住坚持12到16拍。

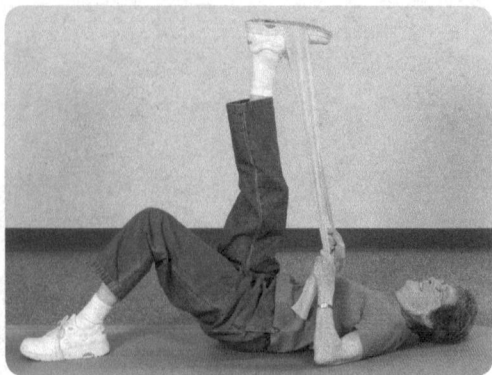

▶ **图5.29** 腿部拉伸

▶ **图5.30** 蛙坐

▶ **图5.31** 侧伸展的蛙坐

■ **腿部拉伸：** 从平躺中立位开始，练习者伸展右膝，这样右脚垂直向上指，保持在这个位置以拉伸腘绳肌（图5.29）。可以用阻力带、旧领带或织物条来协助拉伸。借助于缠绕在脚掌上的辅助带，可以固定腿的拉伸位置。左腿重复这一拉伸动作。这个练习也可以在椅子上做，阻力带绕在脚底，将腿向前伸展。

■ **蛙坐：** 练习者双膝外展，脚底相对而坐。将手肘置于膝上，轻轻下压，伸展大腿内侧肌肉（图5.30）。

■ **侧伸展的蛙坐：** 蛙坐，练习者将左手置于左腿旁的地上，轻轻向左侧滑动，伸展右侧身体的肌肉。然后重复该动作，伸展右侧。更高级的伸展是右臂向上并越过头顶向左伸展（图5.31）。

■ **分腿拉伸：** 练习者坐直，双腿伸直向两侧打开。保持背部和双腿笔直，慢慢向臀部方向打开，直到腿和臀部肌肉感觉拉紧（图5.32）。坚持8到16拍。如果练习者在起始位置就感到拉得很紧，就保持在起始位，将双手置于臀部后面的地板上，保持背部和腿部伸直。

■ **下背部拉伸：** 平躺在垫子上，腿伸直，练习者弯曲右膝，将右膝靠在左膝上。然后轻轻地将右膝横架在左腿上，同时要保持双肩贴地（图5.33）。坚持拉伸12到24拍，注意要正常地呼吸。右侧也重复上述动作。

▶ **图5.32** 分腿拉伸

▶ **图5.33** 下背部拉伸

- **侧提腿:** 左侧躺,髋部呈一条线垂直于地板,脚朝前(即臀部不扭转),脚踝弯曲,练习者微微抬右腿(重复8到16次)。不用左手托脑袋,只需伸直贴着垫子。然后右侧躺下,重复做上述动作。

- **修改版俯卧撑:** 面朝下趴在垫子上,双掌放于肩膀两侧。伸直肘部,撑起身体,保持膝盖和腿贴着垫子。背部挺直和头部呈一条直线,慢慢落回去,直到胸部几乎贴着垫子,然后再撑起来,完全伸直肘部(图5.34)。如果一些练习者做不了俯卧撑,让他们以伸直肘部的动作开始,并且向垫子下落自己可承受的距离。

▶ **图5.34** 修改版俯卧撑

- **臀桥：** 练习者平躺，收紧下腹部和臀部肌肉，从而向上拱起臀部（图5.35）。保持这个姿势4到8秒，然后回到起始位置。这个动作幅度比较小，期间背部一直贴地。

▶ **图5.35** 臀桥

- **猫式伸展：** 开始时，练习者手和膝都贴在垫子上，然后拱起背部（像生气的猫），保持住，然后放松回到起始位。

- **下背部力量锻炼：** 俯卧，手肘和前臂贴在垫子上，掌心朝下。慢慢地抬起上半身15到20厘米（图5.36），坚持4到8秒，然后回到起始位。保持颈部和背部呈一条直线，并避免抬起上半身时借助手臂推的力量。应背部发力，而手臂只提供保持平衡和支撑的作用。

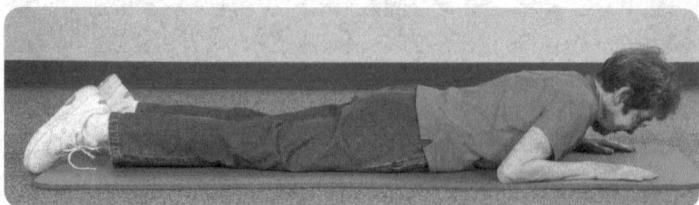

▶ **图5.36** 下背部力量锻炼

注意：墙壁运动可以替代或结合地面练习，以提高力量和柔韧性。相较于地面运动，一些练习者更喜欢墙壁运动。本章开头提到的墙壁运动都可以用于低冲击有氧练习的降温恢复阶段（见第80到82页的练习说明）。

▶ 平衡性和协调性

做平衡运动时参与者站在墙边，或是手牵手在地板中央站成排，或是站成圆圈。平衡运动仅在降温恢复阶段做。

注意事项：**骨质疏松患者一次单腿站立时间不得超过8秒。处于骨质疏松症后期的患者应避免做单腿站立的练习。**

- **提腿：** 练习者在身体前方或斜前方，做小幅直腿提升练习，抬离地面约15厘米。在换另一条腿之前，最多坚持12秒。

- **提膝：** 练习者向前提起膝盖到90度，每组不超过12秒。

- **提膝交叉：** 重心落在左腿上，练习者抬平右膝，跨过左腿，碰触左脚前方的地面（图5.37），抬回膝盖至水平，然后落下右脚。重复上述动作，这次左脚跨过右脚。

- **跷脚：** 站在墙边或者手拉手站成排或圆圈，参与者跷起脚尖，保持平衡8秒，落回让脚跟着地，然后弯曲膝盖（保持脚跟在地上）。重复做这组动作3到6次。

- **脚趾点地：** 练习者手拉手站成圆圈，右腿向前伸，脚趾轻轻点地，活动脚踝点地。1、2、3、4、5、6、7拍时点地，第8拍时右腿回到原地，左脚也重复点地7拍，第8拍时回到原地。也可以先倒数4个点地，然后2个点地，最后每只脚各一个点地来重复这组动作。

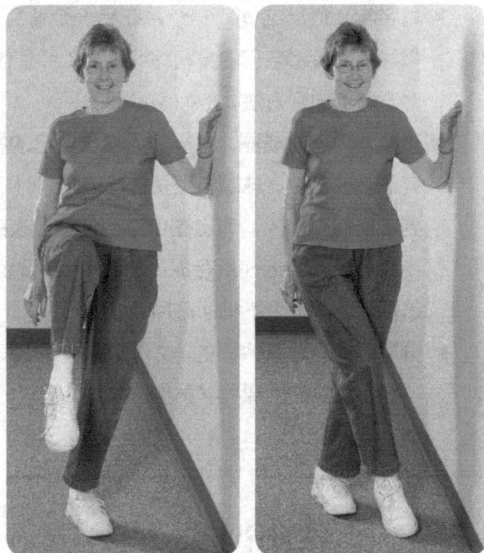

▶ **图5.37** 提膝交叉

- **侧向跨步组：** 练习者手拉手围成一个圆形，都向右跨步，左脚跟上到右脚旁边，再右脚跨步，然后左脚跟上并在右脚旁踏步（用4拍完成）。向左再重复执行这样的动作（用4拍完成），以右脚的踏步结束。然后向右跨出，左脚踏步跟上，向左跨步，右脚踏步跟上（用4拍完成），重复这样的动作，向右，踏步跟上，向左，踏步跟上，并计数5，6，7，8拍。动作的指令是"右，跟上，右，左踏步；左，跟上，左，右踏步；右，踏步，左，踏步，右，踏步，左，踏步"。

## ▶ 社交互动

在课程的各个阶段使用各种形式进行社交互动。例如，在热身、有氧以及恢复放松阶段，大家手拉手形成一个大圈，可以看见彼此，互相微笑，甚至可以小声交流（这对恢复放松阶段特别好）。安排学员面对面站成两排，便于交流和搭档作业。设计一些专门促进互动的活动。

- **按肩：** 让身高差不多的学员成为搭档，一个人站在另一人身后，并为其按摩肩膀，然后相互交换（图5.38）。这个也可以围成圈来做。

▶ **图5.38** 圆周按肩

- **写名字：** 搭档之间，一个站在另一个背后，将对方的名字写在搭档的背上；然后反转。指导练习者将自己的全名写给搭档（即使他们相识多年）。这是一个帮助大家学习和记住对方名字的好方法，他们感觉很棒！

- **传球：** 大家站成圈，第一个人喊出自己的名字，并将球传给邻近的人。圈中的其余人一齐重复该名字。球顺着圈子继续传，同时每个人喊自己名字，其余人也都叫了这个名字。到了最后一个人，叫出圈中其他任意一人的名字，并将球交给那人。这是一个有趣的活动，可以帮助记住所有成员的名字，同时可以提高手眼协调性。大橡胶球和小皮球都是这项活动的一个不错的选择。

- **分享时间：** 分享今天的一个想法、一句诗、一个小笑话、健康小贴士，或生活中发生的一些事，并鼓励课程学员也这样做。把这养成一种习惯，大家会经常分享。

# 抗阻训练

抗阻训练可以预防和改善老龄化相关的肌肉质量、力量和爆发力的损失，还可以改善骨密度和质量，并减少许多慢性病的发生风险。在适当的情况下，抗阻训练是一个安全有效的策略，可以帮助成年人保持或恢复功能独立性、自我效能感和积极的生活质量。本节介绍抗阻训练原理，概述力量、爆发力训练方案，讨论抗阻训练设施，并提出专注于维护和提高功能性能力的具体练习。

定期参加许多身体活动，可以改善肌肉力量、爆发力和耐力。但是重要的力量和爆发力的获得必须依靠抗阻练习。渐进抗阻训练（PRT）是随着参与者越发健壮而逐步提高阻力水平的方法，已被证明对所有功能性能力水平都有效且安全。菲达罗琳（1994）对100名年龄在72到98岁的体弱多病在家的居民的研究证明，即使是身患多种慢性疾病、无自理能力的人，也能从高强度渐进抗阻训练中获益。提高的关键在于合适的强度。先前的研究人员使用低强度训练（40%到60%1RM），并得出结论老年人没有提高力量。在菲达罗琳的训练方式将最大重量（1RM）提升到80%，

而只需完成1次，这意味着训练时的阻力等于人们最多只能完成一次的最大阻力的80%。例如，如果一个人最多只能拉起4.53千克一次，那么他会以3.63千克来训练。

抗阻训练包括力量训练，被认为是肌肉产生力量的数量；爆发力训练，被认为是肌肉快速产生力量的能力。爆发力训练需要高速收缩，这意味着快速收缩肌肉来抵抗阻力。研究表明，相比单独的力量损失，肌肉爆发力的损失速度更快（每年3.5%），并且与日常生活活动的表现也更密切相关（Foldvari et al., 2000）。此外，在提高身体机能上，爆发力训练（高速训练）比力量训练更有效（Hazell et al., 2007）。有关爆发力如何影响机能的讨论，请参阅第4章（第60页）。

阻力工作可以使用诸如阻力带、手持以及脚踝负重等器械，也可以用健身球，或利用自身重量（如俯卧撑），或在水中锻炼。然而，使用抗阻训练机最有可能显著提高功能性能力。

对于爆发力训练来说，针对运动速度、设备和运动策略的选择要注意安全性。用最常见的铁块堆积的阻力机器做爆发力训练时，就会有这个问题。标准的训练方法需要3秒的提拉来控制重量的动量，有效地抵消速度

## 设备清单

- ▶ 在外观和功能上不是很吓人。
- ▶ 用户友好的、简单、易于操作。
- ▶ 允许高速运动（爆发力训练）。
- ▶ 对健全和残疾人士都易于进入和退出的。
- ▶ 入门阻力很小（0到0.9千克）。
- ▶ 阻力增量很小（0.6到0.9千克）。
- ▶ 提供低冲击阻力。
- ▶ 可以清楚地指出坐哪里，手脚放哪里。
- ▶ 允许各种身形（最矮147.32厘米）和身体受限的人在锻炼时调整机器，使身体处于合适位置。
- ▶ 可以轻松调整手、座位、垫子的位置。
- ▶ 允许用户从就座位置改变阻力。
- ▶ 提供有图示简单、文字易读的指导牌。
- ▶ 提供运动范围限制器以适应关节功能障碍者。
- ▶ 由信誉良好的制造商制造，做工精良、质量上乘，并提供服务和培训。

避免使用号称能够锻炼全身部位的阻力机，这种机器的操作混乱，并以牺牲调整选项来获得多功能。

分量产生的动量。设备选择可能会对老年人抗阻训练计划的成功产生重大影响。请参阅"设备清单"（第99页）获取清单，以帮助您评估有利于训练力量和爆发力的设备。

### 力量训练的原则

以下信息旨在提供适合老年人的抗阻训练原则。这些都是基本的指导原则，不能代替合理的监督。认证人员应监督力量训练课程，以确保适当的运动形式、强度和持续时间。了解以下基本定义很重要。

- 向心收缩：肌肉缩短收缩。例如，当肘部弯曲，肱二头肌收紧时，肱二头肌表现向心收缩。
- 持续时间：一组锻炼花费的时间长短。
- 离心收缩：肌肉伸长收缩，发生在对

抗重力下拉作用。例如，卷曲肱二头肌后，伸直肘部时，肱二头肌必须离心收缩，控制伸直的速度和力量；否则，前臂会快速打开，简单地下落。

- 频率：进行力量训练的频率（例如每周2次）。
- 强度：训练努力程度的度量。
- 仅能重复1次的最大重量（1RM）：个人可正确完成一次的最大重量。
- 爆发力：肌肉可以快速产生的力量值。
- 逐步超负荷原理：只有受到比以前更大工作负荷刺激时，肌肉才会变得更强大。所以，渐进抗阻训练（PRT）适用这一原则。
- 运动范围：考虑关节本身及附着在上面的肌肉、肌腱和韧带的长度，关节可以移动的角度的程度。

- **重复数：** 用指定的阻力完成运动的次数（如提升和恢复）。
- **阻力：** 抵抗的力量值，通常指提升的重量值。
- **组：** 执行特定练习（即重复数）的次数。例如，在适当的力量强度下，在感到疲劳或无法正确完成动作前可以做8到12次的这一练习。那么，8到12次的重复动作被定义为一组该运动。
- **力量：** 肌肉产生的力量值。

## 力量训练课程

为了设计有效且安全的课程，必须研究力量训练框架，包括适当的强度、频率、持续时间和技术等方面。

- **强度：** 力量训练实施的重量应是仅能重复一次的最大重量（RM）的80%。让练习者以他们可以正确提拉8次的重量开始，到该动作可以做12次的时候，提升5%到10%的阻力，再次以重复8次开始。
- **频率：** 每周应穿插安排2或3天的力量训练。两次训练间至少安排一天休息，让身体得以恢复。
- **持续时间：** 每次训练所花时间取决于训练项目的数量、组数、每组重复次数等。
- **训练项目数量：** 每个主要肌群至少完成一个对应的训练动作。
- **重复数：** 多数情况下，一个训练动作需要做8到12次。这个数字是由初始练习水平、目标和禁忌确定的。
- **组：** 为了提高力量，一般标准组数是2到3组；然而，动作的组数还是取决于初始练习水平、目标和禁忌。研究表明，以适当强度（80%RM）进行的一组训练，能够和两组或三组训练得到一样的力量效果。一般情形下，一组或两组训练都是合适的。
- **技术：** 为了确保力量训练的安全和有效，应始终采用适当的技术，包括以下内容。
  - **适当调整：** 确保练习者选择合适的座椅、运动范围和扶手垫，以适应身形和人体力学。对于以单关节为轴进行的练习，关节的中间应该位于机器的枢轴点。例如，当练习者坐在腿伸展机器上进行训练时，机器（允许伸展和弯曲）的枢轴点应该直接与膝关节的中心对齐。
  - **活动范围：** 如果可能，全面打开身体的活动范围是所有练习的目标；然而，所有练习都应在无疼痛的活动范围内进行。
  - **呼吸模式：** 练习时，应采用连续自然的呼吸模式。提醒练习者避免采用瓦耳萨耳瓦（Valsalva）式呼吸法（屏住气增加力量）或任何长时间闭气的方法。总之，练习者应在运动的用力阶段呼气。
  - **运动速度：** 可调节重量设备需要2到3秒移动或提拉重量去克服动量产生的力。一些类型的抗阻设备不需要控制速度。注意：为了训练爆发力，设备必须允许使用速度组件（参见第99页的"设备清单"）。

## 爆发力训练课程

爆发力训练课程和力量训练课程非常相似，差异如下。

- **运动速度：** 爆发力训练需要高速运动。例如，向心（收缩）阶段动作尽可能快地完成，而不是用2到3秒来推拉重量。离心阶段要更慢地完成（2到3秒）。不要试图用配重片设备来锻炼爆发力。

■ **强度**：关于爆发力训练的最佳强度的研究仍在进行中：50%到70%似乎是测试的建议范围。建议用1RM的60%来训练爆发力并花时间阅读哈泽尔和同事（2007）的研究报告，通过阅读"老龄化与身体活动杂志"跟进最新的研究。目前，大多数关于老年人爆发力课程培训都使用了凯瑟（Keiser）气动设备。

如果你可以决定老年人运动课程所需购买的器械，请参照"设备清单"（第99页），并建议购买那些有助于控制运动速度的设备，如气动、磁力和液压器材。分享爆发力是如何影响功能性能力的研究，向决策者提出案例。仔细评估液压和磁力器材的优点和缺点，这些设备在运动全程训练爆发力并需要向心收缩（即练习者需要对抗阻力推出，然后对抗阻力拉回到起始位）。这代替了离心或肌肉伸长收缩的训练，那些训练对自主坐在椅子上等动作有重要意义。没有机器的爆发力训练还是有一点挑战的，但是可以利用健身球、阻力带、水的阻力，甚至是自重来完成。在未来的10年中，有无运动器材的爆发力训练将得到更多关注。只利用自重和运动速度来训练爆发力的具体练习，请参阅第106到109页。

## 基础课程

专注于提高功能独立性的抗阻训练时，针对不同的主要肌肉群，可以用6到8台的器械来完成。房间里有15台器械，但并不意味着都必须要用上。保证主要肌肉群（胸、上背、腿、臀部）得到锻炼，其他的肌肉就必须精心选择其他相应的练习，去纠正肌肉的失衡，并要使关键功能区域产生特殊的效

果。否则，任何额外的练习都会增加更多的时间，而没有多大益处，甚至会导致负面影响。

## 运动的重要性

受重复的运动方式的影响，成年人普遍拥有强壮较短的胸部肌肉和较弱较长的背部肌肉。一个人在电脑前工作、做家务、开车，甚至在姿势不对地走路时，胸肌得到练习的次数比背部肌肉明显要多。因此，仅增强胸部肌肉的练习诸如坐式蝶机夹胸运动并不是首要的选择，何况胸部肌肉也可以通过推胸运动得到练习。将时间更好地用于加强上背部肌肉才是更加合理的安排。

不同程度的肩部、膝盖或背部问题在老年人中很常见，这可能使他们面临受伤的风险。要经常提醒练习者将运动限制在无痛的范围。与所有的运动计划一样，识别重要的运动，在运动的选择上要权衡益处和潜在的风险。

## 合适的身体工学

确保练习者在可根据身形调整的器械上锻炼，这是不选择多功能一体机的一个原因。这些器械通常很诱人，因为它们的成本通常低于单个器械，并且可以适应更小的空间，同时一台器械具备所有锻炼功能听起来很不错。然而，如果使用第99页中的"设备清单"来评估多功能器械，你会发现它们不足的地方。例如，大多数多功能器械设计适合1.83米的男性运动员，并对不同体型提供的调整范围很小。它们通常不适合年长的女性和许多体型小一些的男性，若使用会迫使他们在肌肉和关节有损伤风险的位置进行抗阻运动。因为这些器械难以调整和操作，所以常被放在房间角落里，没有人走近。这对抗阻训练的练习者来说，是一个极大的障碍，尤其是对处于思考前、思考中和准备阶段的老年人。

**特别关注的问题**

一些膝关节伸展的练习对于训练腿部力量很有作用，但对那些膝关节有问题的练习者则会造成困扰。一位整形外科医生告诉我，他简直想把所有的健身房中的膝关节伸展机都清除，因为很多练习者不会正确使用他们。

安全使用膝关节伸展机，请确保机器的枢轴点与膝关节的中心相匹配，并确保练习者在膝关节弯曲90度时开始练习。许多机器有运动范围调整，并被调整到以膝关节弯曲超90度为起始状态，这给膝关节造成了不必要的压力，因此鼓励练习者运动前仔细检查各调整项。膝关节有问题的练习者要避免使用膝关节伸展机，而是使用腿部按压机，这样可以有效地锻炼所有的下半身肌肉。

坐式蝴蝶机会给肩部有问题的练习者带来问题。不具有运动范围限制器的蝴蝶机在运动开始时将肩部置于过度伸展的位置，这会使练习者更容易受伤。

简而言之，建议大家花点时间评估每个器械所针对的目标肌群，并确定该运动的益处与风险。选择那些允许适当调整的，并定位于功能性运动的器械。记住，器械并非越多越好，并且孤立地锻炼一个特定的肌群（如肱二头肌弯举），往往不是最佳的。

**合适的强度**

合适的力量训练强度一般是80%1RM，这意味着这一重量至少可以完成8次。如果练习者能轻松完成12到14次，那么以5%到10%的幅度增加重量。以一组8次起做，确保阻力是渐进的，也就是说随着力量的增加而增加。

为了确定力量训练中练习者的1RM，需要做1RM测试。仔细指导练习者进行1RM测试，确保测试时使用正确的技术。以下是找到1RM强度的标准方法。

*步骤1：热身（一般性）*

使用心脏锻炼机器或持续低强度运动进行5到10分钟的低强度心血管运动。

*步骤2：熟悉*

1. 描述1RM测试，并解释感知疲劳分级（RPE）（第57页）。
2. 指导个人的练习，注意姿势正确，运动范围完整，呼吸正确。
3. 为练习者将器械调整到适合的位置，并记录下来。
4. 要求练习者用最小阻力，重复做2次（应该是比较容易的）。
5. 检查一下动作是否正确（若有必要，重复步骤1到步骤3）。

*步骤3：热身（特定的）和测试*

1. 选择热身的阻力，要求很容易重复完成的。
2. 重复做5次。
3. 以1到5的等级评估难度，并调整重量以接近练习者可能的1RM。
4. 测试之间允许休息30秒。
5. 重复该组动作，直到正确的姿势下再也无法完成一个完整的动作。
6. 记录下此次1RM值。

## ▶ 具体的抗阻课程

以下的抗阻训练循环交替进行上下半身练习，以最小的疲劳度达到最大的效果。该循环可以在心血管训练项目之后进行。如果抗阻训练之前没有做有氧操，那么，至少以低强度持续运动做10分钟的热身，这可以升高体温以及模拟练习者正式力量训练时运动的轨迹（如果可能的话）。

以合适的强度（1RM的80%进行力量训练，1RM的60%进行爆发力训练），一次完成整套运动（以下8个练习）。确保练习者完成的速度要合适。如果他们用的是可调节重量器械，那么每个重量动作用时2秒或3秒。如果使用气动、液压或磁性器械，器械不受动量限制，则可以更快运动。如果练习者是锻炼爆发力（不在重量可调设备上），动作应尽可能快。爆发力仅在为高速运动设计的器械上进行训练，或是用第106到109页描述的负重练习来训练。根据需要，也可以在这些练习里加一组，或者重复某些练习。

如果可接触的器械有限或时间受限，那么重点要放在训练主要肌群的器械上，如推腿机、坐姿扩胸机、上背部训练机或肩部推举机。指导练习者训练后要进行拉伸，保持关节灵活性，同时对抗阻训练涉及的肌肉和关节给予特别关注。

- **上背部训练机：**该器械锻炼整个上背部肌肉，包括斜方肌、三角肌、背阔肌、菱形肌、肱二头肌和肱三头肌。这个练习能让身姿挺拔，背部笔直，肌肉匀称。调整手柄让其恰好在肩部上方，手伸直的位置。练习者平滑地往后拉肘，同时保持身体坐直（图5.39）。
- **推腿机：**该器械锻炼了身体中最大的肌群——股四头肌、腘绳肌和臀大肌，同时上半身处于休息状态。抬腿练习提升了平衡性，这有助于行走、起身、坐下。练习者将脚放于踏板的中间，膝盖靠近胸部，脚与膝盖齐平的位置开始（不要外开或内扣）。练习者完全伸直腿，但不要固定膝关节（图5.40），然后平滑地返回到起始位置。

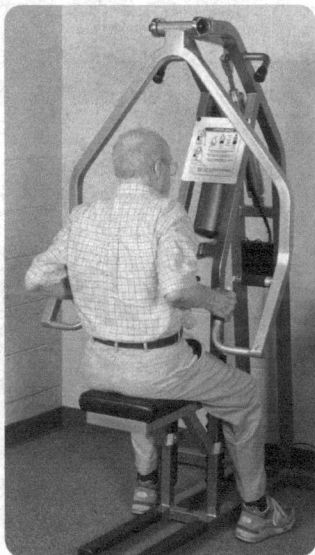

▶ **图5.39**　上背部训练机

▶ **图5.40**　推腿机

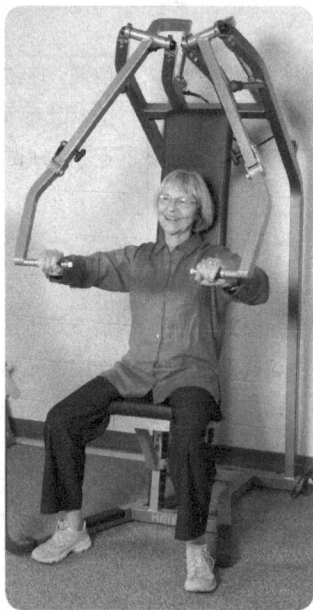

▶ **图5.41** 坐姿扩胸机

- **坐姿扩胸机：**该器械锻炼了胸部肌肉（胸肌）和肱三头肌，涉及提拉和抓握的肌肉也得到了训练。调整座椅高度，使手柄正好在肩部的下方。练习者要平稳地向前伸出双臂（图5.41），然后回到起始位置。
- **坐姿腿屈伸机：**该器械单独练习股四头肌，整个练习过程都会锻炼到它，并有二次刺激的效果。注意这个动作开始时膝关节夹角要大于90度。该练习可以改善步行、平衡性、起身和坐下的能力。调整座椅的后部，使膝关节的中心与器械的支点齐平。腿垫应稍微靠在脚踝上方。练习者完成伸展腿动作，并保持整个过程不会感到酸痛（图5.42），然后回到起始位置。
- **下拉机：**该器械锻炼了身体的第二大肌群（背部肌群），同时肱二头肌得到了二次锻炼，并且使稳定肩关节的重要肌肉也得到了锻炼。该练习有益于改善提拉、抓握和伸展等动作。调整座椅，使手柄正好在伸手的位置。练习者将其拉到肩部位置（图5.43）并返回到伸展位置。提醒练习者每次动作时，肩胛骨向后发力并向背部中间挤。

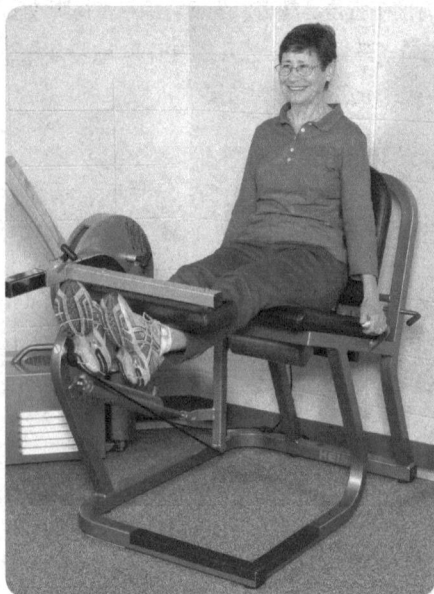

▶ **图5.42** 坐姿腿屈伸机

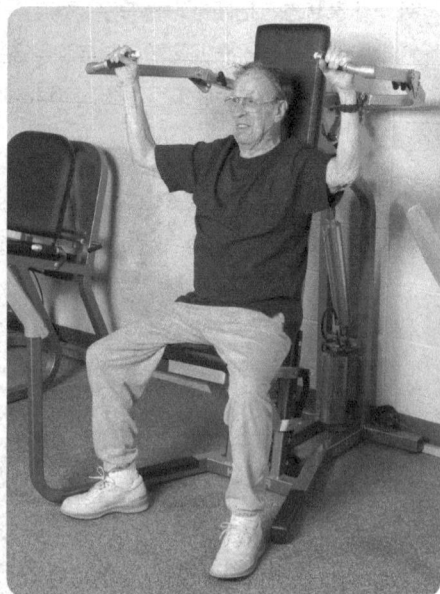

▶ **图5.43** 下拉机

■ **腿弯举机：**该器械单独练习腘绳肌，并有强烈的
二次刺激。该练习有助于提高步行、平衡性、起
身和坐下的能力。调整座椅后背，使膝关节与机
器支点齐平。腿垫应该稍微靠在脚跟上方，大腿
垫应该紧贴。弯曲膝关节，再平稳地回到起始位
置（图5.44），整个动作过程应保持无疼痛感。

上述6台器械提供了提高力量和爆发力的完美
训练计划。如果还有其他的器械，肩部推举和肱三
头肌下压是很好的选择。肩部推举练习可以提高提
拉物体过顶的能力（家务、旅行），并且当腿部力量
受损时，肱三头肌下压练习加强了辅助起身的肌肉
力量。

■ **肩部推举机：**这是另一个单独锻炼三角肌的有益
器械，在稳定肩关节中起重要作用。该练习有助
于抓握和任何过顶动作，例如将东西抬起或搬离

▶ **图5.44** 腿弯举机

货架。调整座椅，让手把刚好低于肩部。练习者伸直手臂，然后回到起始位置。

■ **肱三头肌按压机：**该器械分离出肱三头肌，能帮助从椅子上起身。该练习有助于改善提拉、
抓握、起身等动作。调整座椅使肘部接近完全弯曲，练习者按下双手，肘部完全伸直。

如果练习者没法获得抗阻训练的器械，那么可以从脚踝重量、手持重量和阻力带开始。
确保选择的道具和设备是渐进增加阻力的。当使用脚踝重量时，确保在练习者能力提高时
增加训练的重量。手持重量应涵盖各种重量（从0.45千克到至少2.27千克）。阻力带至少
有3个层次水平，练习者可以合并使用两个阻力带（即，轻量和中级的）来增加阻力。

然而即使每年只能购买一次器械，在拥有整套器械之前，最好优先考虑力量练习的器
械。以下是购买器械的推荐顺序：推腿机、坐姿扩胸机、上背部训练机、坐姿腿屈伸机、
腿弯举机和下拉机。推腿机锻炼了整个下半身，扩胸机和上背部训练机锻炼了大部分上半
身肌群，这3种器械也将会帮助练习者在力量和爆发力上取得进步。

### ▶ 自重的力量和爆发力锻炼

用自重进行力量训练要求肌肉受到比日常更大的刺激。自重训练的关键是增加动作的难度。例如，久坐的人可以通过8到10次坐姿腿屈伸以及腿屈伸坚持8到10秒，来提高腿部力量。其他人可以起身坐下8到10次提高腿部力量，也可以上下台阶。此外，在墙壁上或地板上做俯卧撑，可以提高上半身力量。

用自重进行爆发力锻炼，还需加上速度分量。让练习者有意识地尽量加快速度。创建训练课程时，牢记权衡益处和潜在的风险。一定要优先提升力量，然后加上速度分量。确保练习者有平衡支持，这样他们就可以专注于运动速度而不是平衡和速度。

**踏步箱**

用一个坚固的箱子，靠近墙壁或栏杆进行平衡支撑。确保在底部和顶部都有防滑的表面。如果可以使用栏杆，则可以使用楼梯的最下面一个台阶。不要进入高于正常活动所需的高度（如攀登楼梯，踏上路边或爬上公共汽车或飞机）。保持良好的身姿，练习者做每个动作都要完全踏上或离开箱子，必要时使用平衡支撑。练习者先掌握平衡，然后再专注于速度。

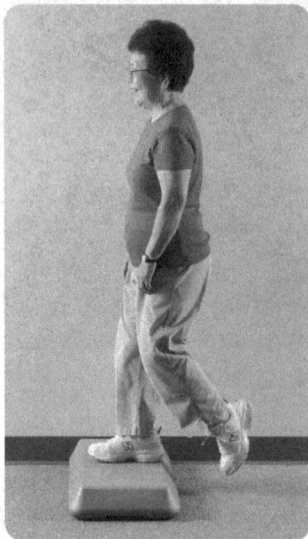

▶ **图5.45** 上下步

**1. 上下步**

　　a. 上步和下步（图5.45），右脚开始，向上跨步（右），上（左），下（右），下（左）；重复两次。

　　b. 重复，以左腿开始。

　　c. 增加爆发力，整组练习中，在保持稳定的前提下尽可能快地向上跨步。向下时，控制速度慢一点。

**2. 提膝跨步**

　　a. 右脚跨上箱子；左腿屈膝上提呈90度（图5.46）。

　　b. 右腿撤回到地面；右腿重复向上跨步4次。

　　c. 左腿重复向上跨步4次。

　　d. 增加点难度，屈膝上提到90度时踮起支撑脚的脚尖。

　　e. 增加爆发力，每次用最快速度提膝90度。

▶ **图5.46** 提膝跨步

**脚的爆发力**

这些练习提高了对绊倒或滑倒的应变能力。请用墙壁、栏杆、椅子，甚至行走，辅助完成这些练习。

**1. 踩虫子（提高脚的速度）**

    a. 尽可能快地向不同方向踩踏，好像在踩扁脚周围的蚂蚁（图5.47）。

    b. 重点是腿和脚的速度，每两次出脚之间都要回到中间位，确保向前方、侧方和后方踩踏，先锻炼一只脚，再换另一只。

    c. 交替左右脚尽可能快地踩扁虫子。这就像靴子踩雪一样，但是更快，并且是向不同的方向踩。

**2. 爆发力跨步**

    a. 面对墙壁，有需要时可以随时扶墙。

    b. 双脚并拢，身体前倾（不能弯腰）。最后一刻，快速跨步，避免摔倒（图5.48）。重复几次，先用右脚"抓地"，然后再用左脚。专注于推迟脚步移动和恢复速度。

    c. 如果可以，向侧面重复前述动作。体侧倚靠墙壁（不能弯腰），然后侧跨步避免摔倒。这是进阶版的运动，倚靠需要腿的支持，同时还负责"抓地"下落。另一侧也重复该组动作。

▶ **图5.47** 踩虫子

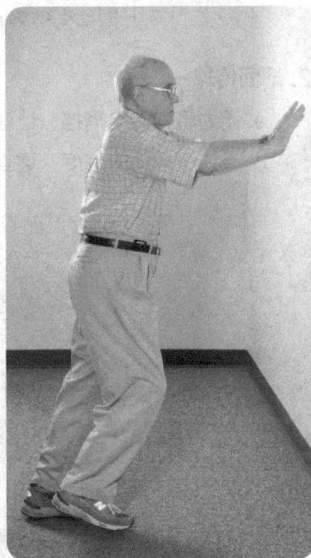

▶ **图5.48** 爆发力跨步

**手臂爆发力**

这些练习能发展手臂动作的速度，使快要摔倒时能借助手臂能撑住身体。练习者使用大型运动球、轻质健身球、海绵球或稍放气的篮球与搭档配合或是对着墙壁进行练习。如果平衡受到影响，请获取支持（如背靠墙或坐着），并小心地弯腰取回球。

**1. 胸前传球**

　　a. 胸前传球给搭档，速度尽可能地快（图5.49）。

　　b. 专注于伸肘和肩部收回的速度，重复8次。

▶ **图5.49** 胸前传球

**2. 地面传球**

　　a. 用力将球传给搭档，让球弹得很高（图5.50）。

　　b. 专注于运动的速度，重复8次。

▶ **图5.50** 地面传球

　　前面利用自重进行的力量和爆发力练习，改编自波密·麦克法兰的报告。该报告是在2004年安大略省伦敦市体育运动和老龄化国际大会上发表的。以这些练习为例，考察所有那些能改编以适应运动速度的活动。在练习运动速度时，一定要提供平衡支持，并权衡每个活动的潜在风险。

## 健康小结

　　高质量的计划需要运用合适的训练技术，以及加强健康的其他维度的策略，例如社交关系和情绪健康。练习者必须专注于针对目标肌群的运动。这可能意味着椅子运动可以提高日常活动能力，剧烈运动可以提高比赛和活动中需要的竞技能力，如耐力、敏捷性、力量和速度。明确在每个练习阶段完成什么，并将技术与这些目标相匹配。

　　健康站的概念给练习者提供了机会来实践适合他们自己的健康活动。将基于功能的锻炼与艺术性描述相结合，提升自我责任心和积极的生活方式。

　　在课程中花时间来提升力量和爆发力，这是保持功能性独立和生活质量的关键。尽量建议练习者采用能安全地锻炼力量和爆发力的器械。用自重方式进行的力量和爆发力练习与其他练习相结合，如椅子练习，低冲击有氧运动，甚至步行训练。

# 第 6 章

# 水中课程

水中运动广受欢迎。许多医生建议练习者用水中练习来辅助臀部、膝盖或背部伤病的康复。有平衡性和关节问题的人也能够在水中完成剧烈的运动。相比陆上运动，水中运动有很多优势，例如提供全程阻力，以及动态运动不会对关节造成影响。许多健康、活跃的练习者很享受水中运动和它带来的活力。

本章讨论了水中运动课程的特殊问题，包括水中的目标心率变化、水温、教练要求、泳池安全性和合适的音乐。本章介绍了初级水中有氧运动（1级）和更有活力的水中有氧运动（2级）的具体课程编制，并概述了针对患有关节炎的练习者在水中运动所做的具体修改。本章详细描述并说明了在热身、有氧调节和恢复阶段中应用的特定水中练习，其中会包括许多漂浮练习。有氧运动从易到难的排列顺序如下。

- 过渡练习（非常简单）。
- 第一组（低强度有氧运动）。
- 第二组（中等强度有氧运动）。
- 第三组（高强度有氧运动）。
- 提供样板课程，说明在过渡练习和第一组到第三组练习之间如何转换，来创建适合自己的练习课程。

## 水中课程的特别注意事项

老年人水中运动需要有特殊的考虑，包括了解适合于水中运动的目标心率，教导练习者如何使用感知疲劳分级，考虑泳池环境特有的安全事项，并保持水温是安全的、舒适的。音乐选择也是独特的，因为游泳池区域的声音传播效果通常较差，并且一些练习者可能会有不能矫正的听力损伤等问题。

### 目标心率

水中运动的目标心率区间与陆上运动不同。许多因素会影响水中的心率。有氧研究学会注意到，在水中进行水平运动的心率比陆上水平运动的心率每分钟低17次，而水中的垂直运动，每分钟低8到10次（Pappas-Gaines, 1993）。此外，练习者在冷水池（25到28摄氏度）中练习的心率比陆上低约15%，而在温水池（29到31摄氏度）中比陆上通常低10%。水深也有影响，齐胸深水中的心率比齐腰深水中的心率，每分钟低8到11次（Sova, 2005）。

由于这些变化以及其他因素（例如气温和水池区域通风）的影响，最好主要依靠感知疲劳分级（见第58页第4章的解释），然而，我仍然建议监测练习者的心率和他们的自感劳累分级。心率可以提供重要的比较或基准，以提示关注潜在的问题。例如，练习者通常10秒心跳17次，但课堂上测量为21次，这个变化应引起你的注意，必须更密切地监测他的心率。参见图6.1，为老年人水中课程而修正的Karvonen公式，采用心率每分钟低17次的事实。再次，我们要依赖自感劳累分级，但也需考虑运动时心率，作为额外的安全措施。

课上检查练习者的运动强度，指向他们时，报告他们的自感劳累分级。有氧运动过程中，检查两次心率，心率检查期间，指到谁，谁就报告10秒脉搏。当要求判断练习者的运动水平，或者测心率时，应当采用相同、清晰且易于遵守的指令。许多需要视力或听力矫正的人会不戴眼镜和助听器，对这一情况要特别关注。

### 安全

泳池环境的特殊性，会给水中运动带来一些特殊的安全隐患。例如，除了普通教练需要

**静息心率（RHR）**　完全休息至少20分钟后，对脉搏进行1分钟计数，获得精确的RHR。

**目标心率（THR）区域**　在有氧阶段，无病症的老年人，应能够在最大心率（HR）的50%到75%之间安全地运动。

**10秒计数**　在有氧阶段，对脉搏进行10秒计数，以快速检查心率。

### 为老年人提供陆上运动训练区

$$220$$

$-$ _____你的年龄

$=$ _____最大心率

$-$ _____静息心率

$=$ _____答案A

最小目标心率

_____答案A

$\times 0.50$

$=$ _____

$+$ _____静息心率

$=$ _____最小目标心率

$-17$次/分钟（**水中调节**）

$=$ _____50%水中最小值

$\div 6 =$ _____10秒计数心率，最小

最大目标心率

_____答案A

$\times 0.75$

$=$ _____

$+$ _____静息心率

$=$ _____最大目标心率

$-17$次/分钟（**水中调节**）

$=$ _____50%水中最大值

$\div 6 =$ _____10秒计数心率，最大

*注意：结合感知疲劳分级这一指南，使用THR区域。*

▶ **图6.1**　修订的水中Karvonen公式

具有的OPR技术和急救认证资格以外，水中运动教练可能还需要水上安全急救的培训。

如果水中运动课程上有救生员值班，则不需要教练进行紧急安全培训。然而，如果教练独自负责整个泳池区域练习者的安全，那么教练必须要有救生员资格认证。

### 池边与池内教学

没有救生员在场时，教练必须站在泳池边上授课。在水中，不可能有效地监测整个游泳池区域和所有练习者。其他几个因素也表明教练在泳池边授课比在游泳池里更有利。

第一，教练在水里授课的话，视力和听力差的练习者很难听到或看到。第二，在池边，所有练习者都可以轻松跟随教练的动作。第三，最重要的是，池边教学，可以清楚地看到每个练习者。可以观察到他们的动作是否正确。还可以从练习者面部表情上得到持续的反馈，这意味着更容易意识到某些人是否难以适应训练强度。持续监测每个人对练

习的反应，是确保课程安全的关键。

## 泳池区域

作为一个水上运动教练，必须考虑练习者的安全，从他们进入泳池区域直到他们离开。评估淋浴区域和游泳池周边，是否存在诸如光滑易摔倒的地面或障碍物之类的危险。如果存在这些问题，要求练习者穿水鞋或其他类型的防滑鞋。监测进入泳池有楼梯或台阶的情况，如果变得光滑或不牢固，应采取适当的措施。监控泳池底部的状况，确保没有杂物，不会造成任何安全隐患。

## 运动安全

水中锻炼冲击性低，但仍必须注意防止练习者受伤。为了全员不受伤，要避免练习中有需要快速扭转和过度跳跃的动作。较高冲击的跳跃运动和单脚接触池底的运动交替进行。避免快速的手臂出水动作，这可能会加剧肩部酸痛。避免进行过多的"挂"壁练习，那需要练习者用手、手臂和肩部来支撑他们的体重。

和陆上运动计划一样，需要衡量每个运动的潜在风险。询问练习者他们擅长做的练习，和那些会感到不舒服的练习。询问他们是否相信会取得期望的成果，以及训练后是否感到身上酸痛。课程是否符合练习者的特定需求，持续的反馈是至关重要的。

## 水温

泳池的温度对水上运动是否成功有非常大的影响。如果水温低于29摄氏度，肌肉和关节功能障碍或患有关节炎的练习者可能会感到不适。关节炎基金会要求最低水温为28摄氏度，以进行YMCA-关节炎水上运动项目，但推荐温度为29到31摄氏度（Sanders, 2008）。水上运动课程的适宜水温为30到31摄氏度。该温度下，热身和恢复阶段较舒适，也不会过热，以避免在有氧阶段可能造成安全问题。如果水温为32摄氏度或以上，切勿尝试有氧活动。

## 和健康同行

拍这张照片时，比尔和玛丽·沃尔特斯参加每周2到3次的老年人水上运动已经9年了。是什么原因激励他们坚持下来的？玛丽答道："水中运动为我开启了美好的一天，如果我们不参加，我会想念这些运动。"

"水上运动让我感到身心俱佳"，比尔补充道。玛丽表示赞同，这为她们生活提供了一个更好的视角。"我很高兴比尔和我能一起练习。"比尔和玛丽都赞同，水中运动课程帮助他们能健康地在一起生活锻炼——这是他们高度优先考虑的事项。

寻找一个温度舒适的泳池是一个挑战，因为很多泳池都适合普通游泳者，他们喜欢的温度为27到29摄氏度。如果唯一可用的泳池接近27摄氏度，教练可能无法成功地为老年人编制一个水上运动课程。如果水温接近29摄氏度，可以调整课程的结构，以在该温度下有更好的练习效果。例如，让热身运动更剧烈一些来提高体温，如向前、向两侧和向后走；在池边或用浮板打腿；或用浮板做骑车动作练习。进行力量训练时，你可以进行浮板骑车练习，保持体温升高。

有氧阶段后，可以缩短恢复阶段的时间，或者在泳池边上进行拉伸（不是最佳）。如果选择离开泳池进行拉伸，请确保气温温暖、池边安全。（可以借助墙壁进行拉伸；参见第5章，查看关于墙壁练习的说明和插图）。练习者离开泳池前，要花时间在水中向前、向后、向侧面移动来降低心率。因为水和空气的压差，在没有恢复的情况下就离开泳池，可能会增加血压骤降的风险。缩短恢复阶段的时间，或从泳池中出来做拉伸，肯定是一种折中方式，但在冷水中拉伸和放松会导致体温迅速下降，会给练习者造成不适。

## 音乐

在练习者享受课堂方面，音乐至关重要。应该注意到多数泳池区的音质较差，并对音量和音乐种类做必要调整。第4章中关于选择音乐的指导，也适用于水中运动。水中运动最好选择简单、清晰有力、节奏强烈的音乐。也可以使用简单的声乐，但较差的声学环境和水声会有较大干扰。建议交替使用歌曲和器乐，以提供舒缓放松的音乐环境。

# 通用形式

水上练习课程始于热身动作，学员通过轻柔地活动，促进血液循环，找到舒适的运动感觉。热身运动为练习者之间以及学员和教练之间提供了互动的机会。就像陆上课堂一样，你应该促进社交活动，并增强学员的归属感。课程包括持续15到25分钟的有氧阶段，具体时间取决于参与者的能力水平。这些阶段必须仔细监测运动强度；在热身运动后，指导练习者检查其脉搏和感知疲劳分级，并在有氧阶段至少再检查两次。在有氧阶段结束后，立即要求练习者检查运动脉搏并确定其自感劳累分级。1分钟后，确定他们的恢复心率和自感劳累分级。使用图6.1中所述的目标心率变化，牢记水中的目标心率受许多因素的影响，因此它们是最有用的参照，可以帮助教练发现当天运动异常的练习者。（在第4章中介绍了监测运动强度的具体策略）。

热身和有氧阶段的协调性动作、各种同向异向的手臂运动以及组合动作将使课堂保持趣味性，同时有助于练习者发展和提高协调能力。提醒练习者经常用脚跟踩池底，这样就不用全程提踵了。全程提踵会导致腓肠肌（小腿）过度疲劳，引起疼痛和可能的伤害。

紧接着有氧运动是恢复拉伸阶段，应涵盖所有主要肌群。为了确保每个人的心率返回到一个可接受的水平，水中漫步几分钟是一个好方法。腓肠肌、下背部肌肉和腘绳肌，在有氧阶段会反复运动，需格外注意拉伸。使用池壁和泳池中心进行拉伸练习。使用缓慢、温和、没有剧烈动作的拉伸练习，促进身体肌肉放松并提高灵活性。

## 1级课程形式

想要全身运动，但有氧运动能力低或是骨骼肌有问题的练习者，适合上1级课程。1级课程的练习者在水中可能不舒服，或喜欢更轻柔的运动。每个课程包括20到25分钟的热身、局部运动和力量训练。还应包括15到20分钟的有氧运动，20到25分钟的恢复、拉伸和放松活动。在高强度和中等强度的有氧运动之间，使用像慢跑或划水等过渡动作。过渡动作的时间要和高强度运动的时间相同。例如，练习者做16到24次提膝（中等强度），16到24次原地慢跑（过渡），再做16到24次越野滑雪动作（高强度），然后再做16到24次划水动作（过渡）。练习者身体适应以后，让他们做更多数量的中等或高强度动作（即24次），随后做较低数量的过渡动作（即16次）。另一种方法是花费30到40秒进行中高强度动作，然后进行30到40秒的过渡动作。随着练习者身体适应了练习，相较于中等或高强度动作（如40秒），过渡动作可以用更少的时间（如30秒）完成。

## 2级课堂形式

想要进行更高强度有氧运动的练习者，适合参加2级水中有氧课程。它包括20到25分钟的热身，局部运动和力量训练动作，还应包括20到25分钟的有氧运动，15到20分钟的恢复、拉伸和放松动作。在高强度和中等强度的有氧运动之间，使用过渡运动，但是中高强度动作需要花更多时间。例如，练习者做24到32次提膝（中等强度），16到20次原地慢跑（过渡），再做24到32次越野滑雪动作（高强度），然后再做16到20次划水动作（过渡）。在2级课程中，可以连续做低强度和中等强度动作，无须过渡。例如，练习者做16到24次提膝（中等强度），再做16到24次前踢（中等强度），然后再做16到20次慢跑（过渡）。通过无中间过渡的连续两次高强度动作，可以获得更高水平的有氧运动调节；同样地，仔细权衡益处和潜在风险。

2级课堂练习者应该灵活运用时间，先进行40到50秒的中高强度动作，随后做15到20秒的过渡动作。当练习者身体适应以后，让他们做无过渡的连续中高强度动作。进行连续运动时，将中低强度运动所花时间限制在约80秒，然后回到过渡动作。例如，花30到40秒做提膝（中等强度），30到40秒踢腿（中等强度），接着20秒的过渡动作。参见本页"水中练习课程范例（1级）"中的水中练习范例。

## 水中练习课程范例（1级）

音乐：见第4章，第48页。以热身音乐开始；节奏鲜明的快歌，类似格伦•米勒的"*Chattanooga Choo Choo*"为最好。

**5分钟水中漫步**

在浅水区，向前后，向侧面漫步。开始时没有音乐，因为这是练习者相互交流的好时机。

**10分钟的转体练习**

转颈和耸肩、转肩交替练习

摆臂：向前，然后向两边打开，胸前交叉

整个手臂画小圈

躯干单独地向前、向后、向侧面旋转

臀部动作,前后左右,以及顺时针、逆时针旋转

单腿摇摆

脚踝打圈

膝关节伸展

向池壁快踢腿

仰身与俯身

指导练习者抓住力量训练所用的漂浮设备。

## 10分钟漂浮练习

骑自行车(夹臂)

左右人鱼式(伸臂)

骑自行车(夹臂)

风车(伸臂或夹臂)

前后人鱼式(伸臂)

骑自行车(夹臂)

剪刀(伸臂)

风车(伸臂或夹臂)

骑自行车(夹臂)

左右人鱼式(伸臂)

前后人鱼式(伸臂)

骑自行车(夹臂)

指导学员将漂浮设备放在游泳池边上,并检查脉搏和感知疲劳分级。

## 15分钟有氧练习

### A组

原地慢跑20秒

骑马,右腿向前15秒,左腿向前15秒

划水20秒

向前小踢腿20秒,手臂相向摆动

原地慢跑20秒,向前向侧面压手臂

侧向骑马30秒

向前提膝20秒

划水20秒

重复A组动作,然后检查心率和感知疲劳分级。

### B组

向前提膝15秒,提膝交叉15秒

(继续)

低冲击恢复动作示范（**继续**）

> 原地慢跑20秒
>
> 前踢腿，双臂前伸反向20秒
>
> 划水20秒
>
> 20秒空手道踢
>
> 划水20秒
>
> 向前慢跑8拍，4拍开合跳；后向慢跑8拍，4拍开合跳（20秒）
>
> 划水20秒
>
> 侧提膝肘碰膝15秒，提膝交叉15秒
>
> 原地慢跑20秒
>
> 蛙跳20秒
>
> 划水16拍，4拍越野滑雪，重复总共30秒
>
> 重复B组动作，有氧调节总计15分钟，检查心率和感知疲劳分级。
>
> **恢复和拉伸**
>
> 前后向，侧向水中漫步1分钟（再次检查心率和疲劳度，注意恢复情况）
>
> 各种模式的水中漫步持续5分钟
>
> **靠墙拉伸**
>
> 墙壁拉伸
>
> 撞背
>
> 交叉膝
>
> 腘绳肌拉伸
>
> 股四头肌拉伸
>
> **池中拉伸**
>
> 耳贴肩
>
> 交叉臂
>
> 平衡活动
>
> 手指灵活性
>
> 收缩
>
> 抱拉
>
> 深呼吸
>
> 轻音乐中抓浮板漂浮
>
> 2级课程中，逐渐增加中高强度练习的时间，减少过渡练习时间，但是至少每次不少于10秒。

## ▶ 具体的水中练习

以下具体的练习可以用于1级和2级水中练习课程。两级课程中热身练习很相似，只是1级课程里，力量、泳池壁以及漂浮练习的重复次数较少（例如，用水壶、漂浮棒或空牛奶壶进行漂浮练习）。

通过在过渡动作与高强度有氧运动之间取得平衡，使有氧水平与课程水平相匹配。热身和恢复阶段为社交、健康小贴士以及分享智慧或幽默提供了时间。如果水温舒适，在课程结束时花费几分钟来完全放松。渐渐调暗的灯光和安静的音乐，营造出宜人的氛围，让学员在水中漂浮并放松。

### 热身

除了包括热身练习，此阶段还包括转体运动和力量练习。这些设计都是用来促进血液循环，为更剧烈的运动做准备的。从头部开始，运动在课程的有氧阶段会用到每一个关节。不要试图在这个阶段提高灵活性，只要每个肌肉和关节能轻松舒适地活动即可。部分热身动作可包括漂浮练习或者旋转力量练习。水壶或漂浮棒是首选设备，因为牛奶壶的小把手很难握，可能会引起关节炎患者的不适。然而，在没有设备预算的情况下，空的大牛奶壶和洗衣液壶都是很实用的漂浮设备。提醒练习者小口水壶可能会加重关节炎症状，并提供替代品。

### 池中热身

- **水中漫步：** 让练习者在泳池中来回走动，可以采用较大的步幅，或者脚跟、脚掌（非平放）交替触底的特别方式。水中漫步还可以向后迈步（交替用脚尖、脚掌或脚跟触底，向侧面迈步）。为了使动作更丰富，让练习者进行左右腿交替交叉前进、后退，或是往侧面走等练习。水中漫步是社交的好时机。让练习者走近或远离彼此，或者移动形成个大圈，或串成线，或是弧线。搭档活动很有趣，给学生一个任务，以鼓励交流。例如，询问他们搭档的早餐食物。
- **爆发力水中漫步：** 练习者膝盖弯曲，以小步幅向前或向后走过泳池。可以前向、后向及侧向，可以左右腿相互交叉前进。
- **小跳跃：** 练习者采用脚的不同部位，脚尖、脚掌、脚跟交替触底，脚和脚踝连续动作，原地小跳或在池中走动。
- **骑车动作：** 漂浮板夹在手臂下，向前、向后进行骑车动作，让下半身迅速活动起来。
- **交替打腿：** 打腿板或漂浮设备置于身体前方，练习者交替打腿到达泳池对面。
- **转颈练习：** 第5章概述的任何颈部练习都可用于水中热身锻炼。选择两三个开始练习。颈部与肩部练习交替进行，避免颈部肌肉过度疲劳。
- **肩部运动：** 第5章概述的任何肩部练习均可用于水中热身练习。课程的这个阶段，选择2到3个肩部练习。为了使动作更丰富，可以在肩部练习时屈膝（保持脚底平放在池底）。
- **摆臂：** 练习者单臂或双臂摆动，可以同向、异向或者向前、向后摆动。也可以在身体前面或后面，摆动单臂或双臂。
- **躯干运动：** 第5章中描述的躯干分离、收缩和旋转练习，用于水中热身练习，会有很好的效果。在进行收缩练习时，练习者弯曲双膝，然后双臂向两侧打开的同时伸直膝关节。当进行旋转练习时，练习者应在旋转时弯曲双膝，并在返回中立姿势时拉直。

- **臀部圆周运动：** 练习者缓慢地将臀部从一侧推向另一侧，进行顺时针或逆时针圆周动作。
- **脚趾画画：** 沿池底拉动脚尖，练习者只用脚画圆圈、正方形或其他任何形状，或者写他们的名字、地址、电话号码。为了丰富练习形式，练习者可以用整条腿作为书写工具，尽可能在画得大的同时移动膝关节和髋关节。
- **单腿摆动：** 重量放在左脚上，练习者在髋关节的运动范围内大幅度前后摆动右腿8次，同时全程保持背部挺直，腹部用力。然后换右脚承重，左腿摇摆。可以两腿前后或左右交叉地完成这个练习（可以利用墙壁或漂浮设备保持平衡）。
- **脚踝转圈：** 练习者将右膝提到胸前，右脚踝转圈（8拍）；然后伸直腿（4拍），坚持住（4拍），再将脚点到地上并弯曲脚8到16次（每次2拍）；然后弯曲膝关节回到胸前，再重复脚踝转圈动作。再换到左腿做该组动作。
- **膝盖伸展：** 学员提右膝到胸前（2拍），伸直膝关节（2拍），弯曲膝关节（2拍），然后再重复伸直和弯曲8到12次。然后换另一条腿重复该组动作。
- **提踵：** 练习者中立姿势开始，脚尖站立（1，2拍），坚持住（3，4，5，6拍），弯曲膝关节（7，8拍），坚持住（1，2，3，4拍），脚跟触底（5，6拍），然后伸直腿（7，8拍）。
- **平衡转移：** 双脚相距45到60厘米，笔直向前。练习者脚尖站立（1，2拍），转移重心到右脚（3，4拍），弯曲左膝，并向臀部方向提左脚跟（5，6，7，8拍）；然后保持平衡（1，2，3，4拍），左脚回到池底（5，6拍），恢复到起始姿势（7，8拍）。重复该组动作，重量放在左脚，提拉右脚跟。

### 池壁热身动作

　　练习者可以侧身、面向或背对墙壁，做热身练习。悬挂在池壁上，会对肩关节造成过度的压力，引起肌肉无力或关节功能障碍。所以保守使用有池壁支持的热身练习，脚踩池底（图6.2），在有池壁支持的动作之间插入其他热身动作。指导练习者调整或避免任何造成不适的动作，并在全过程无痛的情况下进行动作练习。

- **交替打腿：** 练习者面朝池壁，身体漂浮在水面，上下交替打腿（图6.2a）。改变运动幅度大小和节奏，从小而快到大而慢，提醒练习者保持腹部用力，一次最多打腿1分钟。这个练习也可以背靠池壁，双臂把着池边；练习者弯曲髋部，直到腿处于90度（背靠池壁，图6.2b）。一个更简单的变化是，允许身体离开池壁，身体飘在水面打腿（图6.2c）。
- **侧抬腿：** 练习者左侧靠墙站立，两脚平行，直接向侧面用力抬起右腿（这样会有更大水阻）。然后轻轻地将腿降到中立姿势，重复整个动作8到10次。然后换到另一侧腿做相同的动作练习。
- **侧抬腿并关闭：** 练习者侧抬腿，将腿轻轻向侧面打开飘浮起来，然后施力恢复中立姿势。重复该动作8到10次，然后换另一侧腿做相同的练习。
- **日出，日落：** 练习者右侧靠墙中立位置站立，提起右膝至右肘位置，腰部略微弯曲向右侧（1，2拍），然后右脚踩底，同时右臂伸过头顶，略微向左侧弯腰；重复8到10次该动作，然后换另一侧做相同动作练习。

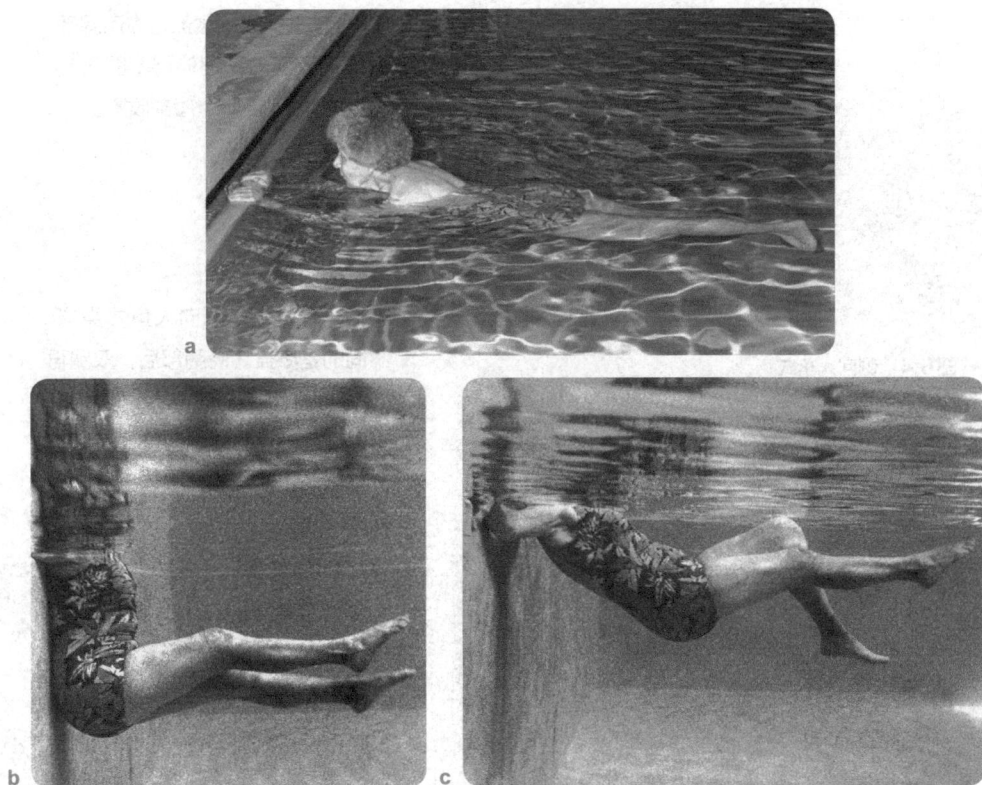

▶ **图6.2** a.面朝池壁打腿；b.背靠池壁，腿呈90度打腿；c.背对池壁，腿外展打腿

## 漂浮练习

漂浮练习需要水足够深，以使腿能自由运动，而不触到池底。水壶、漂浮棒是理想的水中运动设备，因为它们方便手握，大型塑料壶（空牛奶壶或洗衣液壶）也是较理想的漂浮辅助工具。但不能把这些道具当成救生设备使用，所以不会游泳的人只要待在舒适的水深位置处做漂浮练习即可。

手臂伸直与肩部持平的漂浮动作（图6.3）和工具夹在腋下的漂浮动作（图6.6），交替练习。漂浮的全程，保持手臂伸直，肩关节不要受力。双臂伸直的练习中可穿插漂浮设备夹在腋下的前后骑车动作。中立姿势定义为双腿垂直向下。多数漂浮动作都可以做16到24次。

▶ **图6.3** 水壶漂浮伸展姿势

■ **侧向人鱼式：**双臂侧向伸平，双腿呈中立姿势，将膝盖靠向胸部，推

▶ **图6.4** 侧向人鱼式

▶ **图6.5** 前后人鱼式

动双腿向右侧伸展，膝盖再靠向胸部，然后推动双腿向左侧伸展（图6.4），每次膝盖靠向胸部时，腹部收紧。

■ **前后人鱼式：** 与侧向人鱼式类似，不同的是膝盖靠向胸部后，双腿再向前伸展，然后向后伸展（图6.5）。可以变化动作，让练习者像美人鱼一样向前、向一侧、向后、向一侧伸展双腿。

■ **风车：** 将漂浮设备夹在腋下（图6.6a），或者向两边伸直，身体左倾，身体呈45度角，双腿以紧凑的小圈完成向前骑车动作（图6.6b），再倒骑，然后换另一侧重复该动作。

▶ **图6.6** a. 水壶漂浮腋下姿势；b. 骑车

■ **钟摆：** 将漂浮设备夹在腋下，或向两侧伸展，双腿呈中立姿势，向上、向两侧打开膝盖，双脚脚底贴到一起（图6.7）。练习者可以像钟摆将弯曲的双腿从一边摆到另一边。

■ **剪刀腿：** 将漂浮设备夹在腋下，或向两侧伸展，双腿呈中立姿势，伸直双腿并尽可能打开（右腿向前，左腿向后）（图6.8），然后交换左腿在前，右腿在后。可以加入与双腿动作相反的手臂动作以丰富动作形式。

▶ **图6.7**　钟摆

▶ **图6.8**　剪刀腿

■ **泵运动：**中立姿势开始，双手各持一个漂浮设备伸向两侧（图6.9a），膝盖靠向胸部，然后双腿向前向外伸展（呈坐姿），两脚拉开交替打腿，右腿、左腿、右腿、左腿，交替弯曲、伸直膝关节（图6.9b），一边进行打腿动作一边回到坐姿，膝盖靠向胸部，然后双腿恢复中立姿势。

a

b

▶ **图6.9**　a. 泵运动起始姿势；b. 泵运动

■ **坐姿剪刀腿:** 中立姿势开始，双手各持一个漂浮设备伸向两侧（参见展示泵运动起始姿势的照片），做类似泵运动的动作，不同的是将双腿打开坐姿打腿，改为双腿交叉和打开（图6.10），再向后打腿回到坐姿，双腿恢复中立姿势。

▶ **图6.10** 坐姿剪刀腿

- ■ **侧向打开靠紧:** 双腿呈中立姿势，双手各持一个漂浮设备伸向两侧，伸直双腿，再尽可能远地向两侧打开，然后拉回并拢。可以在双腿打开或者并拢时加大力度，或同时加大力度增加变化。
- ■ **收紧腹部:** 中立姿势开始，双手各持一个漂浮设备伸向两侧，收紧腹部让膝盖靠向胸部，然后恢复中立姿势。
- ■ **髋部卷曲:** 中立姿势开始，手臂伸直，膝盖靠向胸部，双腿向前伸直直到仰面躺在水中，收紧下腹部肌肉卷起髋关节，骨盆倾斜向下，坚持4到8拍，然后放松。
- ■ **双臂漂浮:** 在泳池浅水区水深大概到胸部的地方完成。漂浮设备用于保持浮在水面，可以向前推，再拉回到胸部，向两边推，或者向前推再打开到两侧。做这个动作时，可以将漂浮设备推到水下以增加训练阻力。可以将设备（一次一个或一对）在水下推向脚的方向。当在水下推设备时，应使设备靠近身体，不要向两侧或前方伸展，那样会增加肩关节的压力。交替完成水下推设备和水面推设备的动作。因为水下动作会增加手部压力，因此最多重复5次。如果课堂使用的是空塑料壶，应该使用一个壶，双手抓壶，然后在水下将其推向脚部。最后，提醒练习者感到疼痛或不适时要立即停止练习。

### 有氧运动

我将有氧运动分为四组：过渡组（低强度，低冲击）、第一组（低至中等强度，低冲击）、第二组（中等至高强度，低冲击）和第三组（高强度，高冲击）。中等和高强度练习之间小心地穿插过渡组动作，是有氧阶段的另一安全措施。以这种方式编制课程，可以使练习强度满足练习者的个人需求。

那些希望降低心率用力最少的人，和希望剧烈运动来维持更高水平的人，都需要做过渡动作。经常使用过渡动作可以避免直接进入更高强度的跳跃动作。即使在水中，长时间或频繁使用高强度的第三组动作，也会增加患有关节功能障碍的练习者的受伤风险。

### 过渡动作

过渡动作由原地慢跑和划水组成。通过这些动作，练习者能轻松过渡到有氧阶段，然后在整个过程中缓解练习强度。

- **原地慢跑：** 练习者以小幅腿部运动轻轻地慢跑，同时保持双臂在肩部以下。想要保持较高心率的练习者动作可以更剧烈些，将双膝抬得更高，双臂动得更有力。
- **划水：** 练习者斜向右、斜向左、右、左、小步幅踢腿（约15厘米宽），同时双臂和腿方向一致地划水。想保持更高心率的练习者可以踢得更高，且双臂更积极地在水中划水。

## 第一组练习

　　第一组练习是低-中等强度，低冲击动作，是适用于有氧运动阶段的开始动作，并在课程后期和第二组练习交替进行。

- **钟摆：** 开始时，双臂与地面平行，朝向右侧。像钟摆一样牵引双手穿过水中到达左侧平行位置（图6.11）。练习者做该动作时，可以站立或与手臂方向一致地向一侧迈步。
- **前向骑马：** 练习者做骑马动作时，右腿在前，左腿在后；向前骑时，双臂向后拉（位于两侧，肘部略有弯曲，参见图6.12），向后骑时，双臂向前；然后换腿，左腿在前，右腿在后。
- **侧向骑马：** 练习者大跨步骑马，右腿向右侧（右臂伸向右侧，参见图6.13），然后左腿向左侧（左臂伸向左侧）。

▶ **图6.11** 钟摆

▶ **图6.12** 前向骑马

▶ **图6.13** 侧向骑马

- **水中慢跑：** 练习者在水中向前或向后慢跑，利用水的阻力增加练习强度。

- **骑车动作：** 带漂浮设备的骑车动作，可用于低强度热身练习（缓慢的骑车动作）和较高强度的有氧阶段（更快速的骑车动作）。

## 第二组练习

第二组练习是中等-高强度、低冲击的动作，能有效提高心率，且没有不必要的冲击动作。每个这样的练习都可保持一条腿站立在池底（无冲击）或者双腿交替跳跃（高强度但低冲击）。

- **提膝：** 练习者可以向前提膝，同时双臂向前（图6.14a）。练习者也可以向两侧提膝（图6.14b），右肘碰右膝，左肘碰左膝，或者交叉提膝（图6.14c），左肘碰右膝，右肘碰左膝。

▶ **图6.14** a. 前提膝；b. 侧提膝；c. 交叉提膝

- **空手道踢：** 这些都是大幅度踢腿动作，右腿向外、向右侧踢，然后左腿向左侧踢（图6.15）。
- **前踢：** 练习者向前大幅度踢腿，双臂一前一后向前推。通过碰触小腿或脚趾，给练习增加变化。
- **交替打腿：** 用漂浮设备，练习者屈曲髋关节向前交替打腿，或者身体挺直，双腿向后外展交替打腿穿过泳池。练习者也可以背靠池壁打腿，双手抓着沟槽，或者面对池壁，双臂搭在沟槽上交替打腿。交替进行大幅度慢速和小幅度快速打腿，增加动作的变化。这个练习动作可以用在有氧阶段的开始或结束。

▶ **图6.15** 空手道踢

- **向前拍打：**整个拍打动作中上半身的姿势如图6.16所示。练习者向前抬起左脚，右手触摸左脚（膝盖向侧边外展）（图6.17），然后恢复中立姿势；接着右脚向前抬，左手碰触右脚，再恢复中立姿势。

▶ **图6.16** 上半身位置——拍打

▶ **图6.17** 向前拍打

- **侧向拍打：**练习者右脚向右侧抬起，右手碰右脚（膝盖转向中间）（图6.18），然后恢复中立姿势；然后左腿向左侧抬起，左手碰左脚，然后恢复中立姿势。
- **向后拍打：**练习者向后抬右腿，在左腿后面交叉，左手碰右脚（图6.19），恢复中立姿势；左腿向后抬，在右腿背后交叉，右手碰左脚，然后恢复中立姿势。

▶ **图6.18** 侧向拍打

▶ **图6.19** 向后拍打

**第三组练习**

第三组包括高强度，更高冲击力的动作。高冲击是相对的，而不是字面上的意思，因为水会降低所有动作的实际高冲击力。在第三组练习的前后，立即做一个过渡练习。因为在泳池边上授课时，不应做高冲击动作。相反，应该慢慢地演示一两个动作，让学员清楚应该做什么，然后再做一个低冲击的动作示范。练习节奏和速度要符合泳池中练习者的能力。动作看起来似乎是慢动作展示，但请记住练习者是在做抵抗水的阻力的运动。

■ **越野滑雪：**练习者以弓箭步姿势交替跳（左腿在前，右腿在后，然后右腿在前，左腿在后）（图6.20a），同时反方向摆动手臂（图6.20b）。

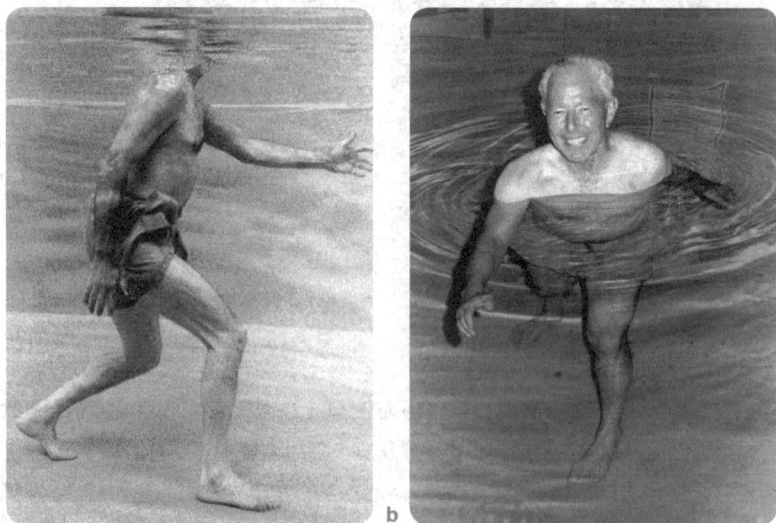

▶ **图6.20** a. 越野滑雪——下半身；b. 越野滑雪——上半身

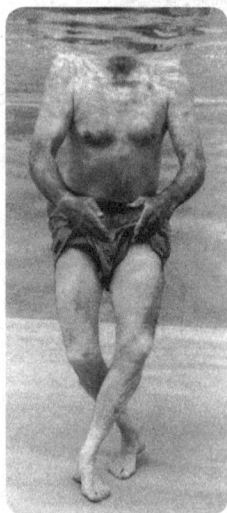 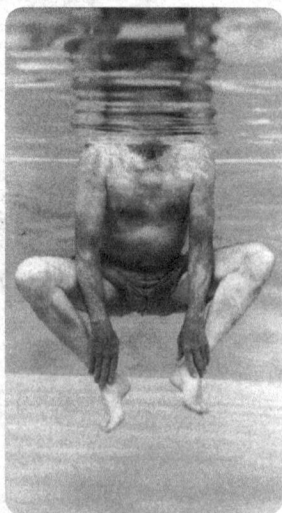

■ **交叉跳：**练习者双脚交叉，手臂在身前交叉，然后向上跳起，落下时，手臂和脚向两侧打开（图6.21）。

■ **蛙跳：**练习者向上拉起双脚，同时膝盖向两侧外翻（图6.22），然后恢复站立姿势。

▶ **图6.21** 交叉跳　　▶ **图6.22** 蛙跳

- **开合跳：** 标准站立，双臂随双腿向两侧打开，双腿并拢时，双臂也会回到身体两侧。也可以在跳起的时候，打开双腿和双臂；双脚合到一起时，双臂交叉在前。
- **屈膝跳：** 双脚向上拉起，膝盖靠向胸前，双臂抱住膝盖，然后恢复标准站立姿势。
- **跳：** 双腿并拢向前后或侧面做小幅跳跃。
- **双膝弹跳：** 练习者抬起右膝，同时左脚跳，然后双脚并拢跳；再做一遍。然后抬起左膝，重复该组动作。
- **连续变化动作：** 练习者可以在水中做开合跳、蛙跳以及屈膝跳，由于增加了阻力，这样可以得到更高强度的锻炼。只能在2级课程中谨慎使用第三组动作。

## 恢复

　　恢复阶段包含了能够平稳降低心率的慢速受控练习，以及有助于保持或增加活动度的拉伸练习。拉伸练习可以在池中央或是池壁进行。放松运动是结束课程的完美方式。

### 池中练习

- **水中漫步：** 练习者或向前或向后缓慢步行，直到心率比练习时每分钟降低4到5次。在恢复心率前，水中漫步是有氧阶段和恢复阶段之间一种很好的过渡动作。
- **缓慢骑车动作：** 使用漂浮设备，缓慢地做向前或向后骑车动作。

　　许多侧重于转体的热身动作也可以用在恢复阶段（例如，肩部运动、摆臂、颈部动作、躯干收缩、平衡动作以及交叉提膝）。在恢复阶段，应该提高灵活性，而不是简单完成转体动作。为了丰富练习形式，练习者可以站成一个圆圈练习一些恢复运动。这增加了练习者间的社交互动，也是整合其他健康因素的好时机。例如，练习者们分享今天的一个想法，讨论这周有什么计划，或者问问有什么有趣的事。在恢复动作的最后的几分钟里，可以考虑将灯光调暗让练习者漂浮、放松，让一天拥有好的心情。

　　下面的动作中，中立姿势站立，双脚均可分担体重，双臂放松，在身体两侧自然下垂。

- **耳朵贴向肩部：** 练习者轻柔地将右耳贴近右肩，恢复中立姿势，然后左耳贴向左肩，恢复中立姿势。然后下巴贴向胸，恢复中立姿势。全程肩部保持放松下垂。每个姿势保持8到12拍。
- **手臂：** 练习者右臂穿过胸前到达左侧，左手抓住右前臂，轻轻地拉伸右肩（8到12拍）；然后右臂放松，向右侧打开，并穿过背后，左手抓住右臂并坚持（8到12拍），放松恢复中立姿势。然后用左臂穿过胸前到达右侧，再重复整组动作。
- **肱三头肌拉伸：** 右臂向上抬起越过头顶，弯曲肘部使手碰触到背部（肘部指向天花板），然后左手越过来抓住右肘轻柔地向左侧拉，达到拉伸肱三头肌的效果。然后换另一侧重复该组动作。
- **收缩：** 练习者弓背，向前压握着的双手，同时屈膝。（弓背但不要弯得很低），然后直起背，同时伸直双腿，并向两侧打开双臂，最后恢复中立姿势。
- **平衡活动：** 练习者踮起脚尖，保持平衡，转移体重从双腿到一条腿上，保持平衡，再回到双脚；然后脚跟着地弯曲双膝。为了增加平衡动作的难度，可以加入双臂动作，即将双臂伸向两侧，或举过头顶。

- **拥抱和拉伸：** 练习者双臂在胸前交叉环抱，下巴靠向胸部再恢复中立姿势，同时向上抬起肘部伸直双臂，就像脱毛衣一样，然后双臂恢复中立姿势。

- **深呼吸：** 练习者踮起脚尖，向两边打开双臂，同时深吸气；然后弯曲膝盖，脚跟触底，一只手臂横在身前，另一只横在背后，同时呼气。

- **手掌和手指运动：** 手掌手指运动也可以在水中进行。例如，练习者的双手可以交替握拳（好像在抓水）和松开手（好像在扔水），手指在水中画圈（一次一根手指），在水中拉动、打开的双手，或者拇指和其他手指形成一个圈，水从中穿过。参见第5章的手腕、手和手指的其他动作。

▶ **图6.23**　面对池壁

## 池壁练习

用于池壁拉伸的中立姿势有面对池壁（图6.23），背靠池壁，右侧和左侧对池壁。

- **背部拉伸：** 双手抓池边，面对池壁，中立姿势开始，双脚位置不动，髋部后移，重量在脚跟，脚掌抬离池底，坚持住（图6.24），恢复中立姿势，然后胸部靠向池壁，脚平放在池底。

- **跟腱拉伸：** 面对池壁，中立姿势站立，练习者弯曲右膝并向前迈步，同时左脚尖向后伸展，直到两腿相距30到40厘米；左脚跟贴地并保持左腿笔直（此刻学员是弓箭步姿势）（图6.25），坚持8到12拍，然后恢复中立姿势。双腿交换，再重复该组动作。

- **后抬膝：** 面对池壁，中立姿势开始，练习者弯曲左膝呈90度。保持腹部收紧，下背部挺直，左膝向后提起15到20厘米（图6.26），然后恢复到90度。重复6到8次，然后换腿再做。

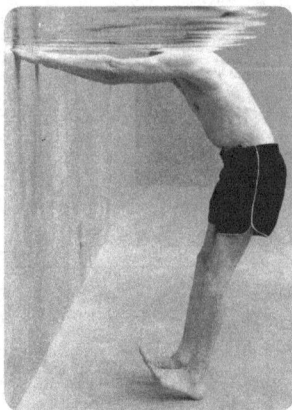

▶ **图6.24**　背部拉伸

▶ **图6.25**　跟腱拉伸

▶ **图6.26**　后抬膝

■ **交叉提膝:** 练习者背靠池壁（图6.27a），
右膝抬到胸部（1, 2拍），用左手将
其拉到左侧（3, 4拍），肩部垂直于
池壁并坚持住（5, 6, 7, 8拍）。右膝
恢复中立姿势（1, 2拍），接着向右
侧打开（3, 4拍），坚持住（5, 6, 7,
8拍）。最后恢复中立姿势（1, 2拍），
右脚踩回池底（3, 4拍），弯曲双膝
（5, 6拍），然后再伸直（7, 8拍）。换
另一边重复该组动作（图6.27b）。

■ **侧向抬脚:** 背靠池壁中立姿势开始，
右腿右转，脚尖朝右，慢慢地向右抬
起腿，保持右脚跟接触池壁（抬升幅
度较小）（图6.28）；保持再恢复中
立姿势。然后换左腿转向左侧，再重
复该组动作。

■ **腘绳肌拉伸:** 背靠池壁中立姿势开始，
练习者抬右膝靠向胸部，然后腿向前
伸展，坚持住，弯曲脚，坚持住，脚
趾挺直，坚持住，弯曲膝盖靠向胸部
（图6.29），恢复中立姿势。换左腿，
重复该组动作。

▶ **图6.27**　a. 背靠池壁中立姿势；b. 交叉提膝

▶ **图6.28**　侧向抬脚

▶ **图6.29**　腘绳肌拉伸

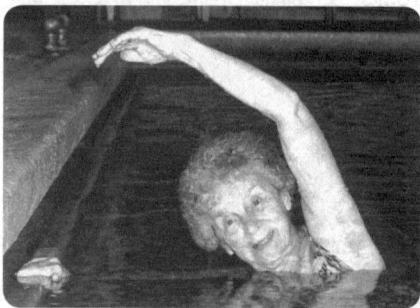

▶ **图6.30** a. 右侧靠墙中立姿势站立；b. 抬膝；c. 碰触

■ **转髋：** 背靠池壁中立姿势开始，练习者向中间抬右腿，向右侧打开，牵引膝盖做顺时针转圈，围绕中心做6到8次，恢复中立姿势。然后换左侧重复该组动作。

■ **抬膝碰触：** 右侧靠墙中立姿势站立（图6.30a），练习者抬起左膝碰触左肘（图6.30b），腰弯向左侧（1，2，3，4拍），然后左脚踩回池底，同时左臂伸直超过头顶，向右侧弯腰（5，6，7，8拍）（图6.30c）。慢慢地重复4到6次该运动，然后换另一侧重复该组动作。

■ **股四头肌拉伸：** 右侧靠墙中立姿势开始，练习者左膝弯曲，左手抓着左脚踝，左脚跟靠近臀部（图6.31），保持姿势。左膝指向池底，右膝微屈。腹部收紧，避免背部过度拉伸。练习者应避免左脚跟接触到臀部，不能过度弯曲膝盖，以免受伤。换另一侧重复该组动作。

▶ **图6.31** 股四头肌拉伸

所有右侧靠墙中立姿势完成的动作，都应该在左侧靠墙中立姿势再完成一遍，如图6.32所示。

- **放松**：课程结束前允许用几分钟时间（3到5分钟）彻底地放松。使用轻松的器乐，若条件允许，调暗灯光，让练习者漂浮在水面，做深呼吸或者其他放松活动。

▶ **图6.32** 左侧靠墙中立姿势站立

# 关节炎水中练习

关节炎会明显影响一个或更多关节的活动，关节炎水中练习就是为患有关节炎的人群量身定做的。这些课程也会吸引某些有身体障碍的练习者，以及那些想提高力量和运动水平，且顺带提高有氧能力的练习者。由于水中课程可能是唯一适用于关节炎患者的有氧练习，所以应包括有氧运动的练习。关节炎患者的关节比较脆弱，而且运动会受诸多限制。针对他们的课程，其形式、水温、特定的需要和动作调整都需要特别考虑。例如，一个新的水上项目立项前，必须符合关节炎基金会给出的要求清单（Larkin, 2007）。其余额外的细节也都要满足该特殊要求。

## 课程形式的调整

关节炎水中课程的结构和1级课程相同，包含20到25分钟的热身、转体和力量训练；大约15分钟的有氧运动；以及20到25分钟的拉伸和放松运动。

只要我们时刻留意这些练习者是关节炎患者（关于关节炎功能障碍的信息见第2章），水中运动描述的1级和2级动作，都能用于关节炎患者的水中练习。例如，手臂运动必须是顺畅的，并且运动范围尽可能最大。这些小组应该进行重复16到24次低强度、低冲击力的有氧运动，以及重复12到16次中等–高强度的有氧运动，并在这些练习动作之间加入16到24次的过渡运动。谨慎使用高强度、高冲击力的动作（如开合跳），每组不应超过16次重复。关节炎患者应避免过度的漂浮练习，不要求练习者练习抓住池边，或用手臂和肩部支撑体重的动作。

## 水温和特殊的进入需求

关节炎水中课程需要的水温比一般水中练习课程略高。如果水温在30摄氏度以下，患关节炎的练习者在课程的热身和恢复阶段，会感到不舒服。如果水温太低，会导致练习者在练习中和练习后身体僵硬，感到不舒服。但是，水温高于32摄氏度，对包含有氧练习的运动就太热了。即使某练习没有有氧练习，长时间在过热的水里（达到或超过35摄氏度）运动会有危险。那些有高血压和其他相关心脏疾病的人会有危险，会导致心脏问题。在太热的水中，甚至那些没有高血压的人，也会感到头晕、恶心和疲劳。持续监测水温，需要时可以调节课程形式，以确保安全。

　　为关节炎患者准备的这类课程，必须有轻松入池的设施。通向泳池区域的长阶梯，可能会对膝关节和髋关节患有严重关节炎的练习者造成障碍。进入只有直梯的泳池，对于那些肩部或手部患严重关节炎的人，可能是不可逾越的障碍。仔细评估水中练习的设施，以确定对于这类人员，是否可以提供一个安全的、易进入的课堂。

## 漂浮和池壁练习

　　对有些人而言，塑料壶可能难以抓握，甚至会对手部患有严重关节炎的练习者造成伤害。因此，漂浮棒、漂浮板，甚至成人大小的游泳圈，都是漂浮练习必要的器材。例行提醒，练习者在课程中感到疼痛或不适时应立即停止。

　　漂浮类动作每次最多重复12次，避免手部或肩部压力过大。注意以下两类练习动作交替进行：双臂向两侧伸展和双臂弯曲的漂浮设备夹在腋下的练习（长时间保持双臂伸向两侧会造成肩部酸痛）。这两类动作每次最多重复8到12次，就换另一类动作。对于向两侧伸展手臂的动作而言，前后骑车动作也是一个不错的替代方案。一些练习者应避免完全依靠双臂将身体悬浮在水中，相反应该调整动作，例如单脚踩地，或双脚都踩地。

　　池壁动作同样有这些顾虑。不要期望手部患关节炎的练习者，能够完成需要长时间抓池边的池壁练习，所以要非常小心地使用这类练习动作。应该完全避免那些需要练习者抓池边，并需要手和肩部承重的动作。如果不确定练习动作是否适用，要权衡利弊，并询问练习者哪些练习动作是舒适且有益的。

## 健康小结

　　水中运动提供了一个绝佳的选项，即关节和肌肉用最小的压力，温和地进行剧烈运动。水中课程需要调整目标心率，特殊的安全预防措施和教练培训，并注意细节，诸如选择安全的动作，适当的水温和音乐。不管课程水平如何，确保每个课程都包含热身，力量训练和转体运动，有氧调节，以及恢复和拉伸运动。利用非常简单的过渡练习，与低、中、高强度练习交替进行，来控制有氧运动的强度。课堂上，花时间整合全面健康的方法。热身和恢复阶段是鼓励练习者社交、建立情感联系的最佳时机。

# 第 7 章

# 编制与推广课程

有了如何设计安全有效的课程的信息，这仅仅是创建一个成功的老年人锻炼课程的一部分。每种场所都是独一无二的，本章讨论了在两个环境下设计和推广课程的方法：基于社区的环境，包括社区中心、老年人中心、健身中心；以及老年人公寓环境，包括有年龄限制的公寓楼、24小时看护退休中心以及赡养照护和特别护理中心。本章讨论了组织需求评估，制定课程目标，管理客户关系，以及确定适当的设施等内容。本章还概述了如何识别和接触潜在客户，并提供了如何制作有效的推广材料的原则。最后，讨论了老年人公寓行业特有的机遇与挑战，并给出了这个场景下的具体课程编制计划。

## 社区环境下的课程

做好需求评估，可以确定社区内老年人感兴趣的领域，并制定合理的课程目标。我们要考虑所在社区的老年人数量，现有的其他项目，以及老年人健身课程的需求。其他重要的步骤包括找到适合课程的设施，制定推广课程的策略，以及激励人们开始并坚持锻炼的方式。请注意这些细节，这将确保你在开发课程上投入的时间和精力会得到好的回报。

### 组织社区需求评估和制定课程目标

在美国我们可以从公共图书馆、商会和政府机构，获取所在地区的人口统计数据。请联系当地老年人中心、娱乐中心和健身场所，确定目前提供给老年人有哪些锻炼项目。请花时间评估所有与目标人群相关的项目。打电话给可能参加课程的人，看看负责课程的工作人员在电话里是否受欢迎。接线员应该友好、幽默（但不傲慢），并展现一个专业的形象，还应了解咨询者现有体育活动的水平和参加课程

的目的。如果可能，请以观察者或者参与者的身份接触课程。请与参加课程的人员交谈，倾听他们的赞美和抱怨，最后确定现有课程是否充分满足该社区老年人的需求。

如果确定在社区中存在这样的需求，那么请将课程公之于众。请在老年人中心、社区俱乐部会议、午餐会或特殊活动中，举办活动和健康相关的讲座或短期研讨会。向他们宣传你能提供的健身课程，并评估他们对新课程的兴趣。当然，你必须成为所在社区老年服务网络的一个组成部分。请仔细准确地评估课程适应老年人服务网络的方式，然后建立起为老年人认真服务的专业形象。

请利用需求评估中的信息来指导制定课程目标，并记录下课程的目标和目的，例如提高心血管耐力、肌肉力量和爆发力、活动范围、平衡性和协调性等。要确保课程在这些方面的努力会提高练习者的功能健康水平（即人们需要的功能健康水平应该考虑个人需要，保持一定的独特性，以及参加所选定的活动）。*Function Fitness for Older Adults*（Brill, 2004）和 *Function Fitness for Older Adults*（Rikli & Jones, 2001）是两个极好的资源。

应该以提高自尊心和建立积极的社交体验为课程目标。这两个要素在激励老年人继续参加课程上，起到了至关重要的作用。改善健康状况包括关注健康的多个维度（第1章），所以课程要致力于尽可能地改善这些维度。此外，当创建课程和课程信息时，要考虑到影响体育活动参与者的社会心理因素（第3章）。

### 与客户互动

接到第一个潜在客户的电话，是开始建立积极联系的好时机。请用友好的、令人感兴趣的方式展示出专业水平；给打来电话的人提供他们所要求的具体信息，并询问他们

的需求和目标这一重要信息。请询问他们目前的身体状况，参与的娱乐活动，最近是否进行常规锻炼，以及他们期望取得怎样的健身或健康效果。

人们决定参加一个锻炼课程会有很多原因。他们可能希望提高有氧运动能力、力量、平衡性和协调性或柔韧性。他们的目标可能并不具体，例如，改善他们的外表和健康，或者改善他们的社交生活。了解人们希望达到的目的，将帮助你确定你的课程如何最好地满足他们的需求。

收集到必要的信息时，向打来电话的人解释你的课程如何能够帮助他达成目标。如果有较多课程可以提供，建议推荐那些最适合咨询者需求的课程。这种信息交换应该是对话式，而不是询问式。只要有必要，就要准备与客户交谈，以获取所需的信息，并且了解一些个人信息，他们很快就会成为你的健康"家庭"的一部分。如果你不耐烦或冷漠地回答潜在客户的电话，可以肯定他们将没有动力采取下一步——亲身体验你的课程。

潜在客户的第一次体验时，带他四处参观，热烈地欢迎他。就像你对锻炼课程中的所有学员那样，给新的来访者一种归属感。知道每个参与者的名字和一些个人信息，如特别的爱好和天赋。课前或课后，安排时间和参与者交流；课上，与参与者交流，或让大家自由交流。产生某种特殊的归属感是激励人们开始和继续锻炼课程的关键。请参考第3章和第4章，以便在课堂上有效地组织这一重要的内容。

当人们开始定期上课时，鼓励他们在健康的每一个维度上确定短期和长期目标，并在学员努力实现他们的目标时提供环境支持。在制定课程目标和鼓励全面健康方面投入的时间，将为计划的全面实施和所有参与者有归属感提供保障。

## 确定合适的器材

为锻炼课程选择器材时，或者评估自己的器材时，要考虑这些器材对那些身体受限的学员，或者有听力和视觉障碍的人，是否方便使用。评估器材的适当加热和降温能力及其整体安全性。如果还没有确定具体的器材，那么记住这些原则，去访问当地的学校、体育中心、学院或大学、老年人中心和健身俱乐部。你可能找不到十全十美的器材，寻找替代品时，请记住——安全优先：如果发生受伤事故，那么计划就不能继续进行了。不完美的设施不应阻止你启动一个锻炼计划。这只是意味着编制课程计划时，要格外注意器材的局限性。必要时修改课程去适应器材，例如，当唯一可用的场地表面不安全时，那就进行椅上有氧运动，而不是低冲击有氧运动。寻找正确的运动场地时，有些是没有"基础"设施的，不要忽视在此情况下的课程。将课程进程安排在几个不同的地方，诸如老年人中心、体育中心或老年人社区。通过这一方式将课程带给客户，你会发现这是有益的。定期提供在各种设施上进行的课程，你可以开发成功的锻炼课程。

### 可用性

仔细衡量设施所在场地对各种身体受限人员的可用性，如果缺乏可用性，会限制潜在客户的范围。识别客户在进出课堂时可能遇到的障碍。评估他们将在哪里停车，并发现潜在的问题区域，比如长距离的行走、复杂的地形或过多的楼梯。考虑季节性变化，并记住停车和行人区域必须清除积雪，因为积雪、光滑的地表可能是学员参加课程的障碍。

找出客户往返的路线，找出任何潜在的

障碍。已经提到的一些障碍，可能不会影响参加低冲击有氧课程的学员。但是，如果有一个针对身体受限练习者的水上有氧运动或椅上锻炼计划，你必须识别并解决任何阻碍他们参与的障碍。

## 感知障碍人群的适应性

要确定器材是否适合你的客户，请考虑听力和视觉障碍的人群对该环境的适应性。一定程度的听力或视觉的损伤，会随着年龄增加而增加，所以，请考虑你的器材是否能够使这些问题最小化或将其抵消。例如，在泳池区域，与你接触的可能是未矫正的听力障碍者，因为多数学员在泳池是不戴助听器的（就像一些人不戴眼镜一样）。对于那些有听力损伤和戴助听器的人来说，由于其他各种正在进行活动而造成的嘈杂环境，会让人非常不舒服。噪声使人们无法听到方向，加剧了练习者的挫折感，减少了参与的兴趣。那些戴助听器的人会体验到所有的声音都放大了，且混杂了噪声。多数人不会回到一个曾经带给他们如此不舒服经历的课堂。从背景噪声和剧烈的运动中，找到尽可能自由的空间，应该作为优先考虑事项。

照明不足的区域，阳光直射或阳光强烈反射的区域，往往给视力障碍的学员造成困扰。还应指出运动区域内，任何可能带来安全隐患的地方，例如，突然踏空或地板材质突然变化的区域。对于视力障碍的练习者，预期外的地板材质变化可能会导致其摔倒。进行评估时，请查看停车场和人行道。在往返课程的路上，找出任何有突然踏空或是水平面变化的地方。如果课程在夜间进行，请确保停车场和行走区域有合适的照明。

## 氛围

确定你选择的设施是否有一个受欢迎和受支持的氛围。没有人愿意感到格格不入，所以务必考虑音乐的类型、主要的顾客（健美运动员和精英运动员或其他广泛的群体组合）以及员工和会员对50岁以上老年人的总体态度。也要考虑邻里客户的类型，他们在全天的任何时候，都可能来参加课程。

最后，考虑课程设施的位置。例如，课程计划的区域让参与者有一种"在舞台上"的感觉（其他人可能会停下来看），特别是对初

对老年学员来说，背景噪声可能是个问题，所以尽量避免在泳池区域的其他活动

学者来说，会造成一种恐惧的氛围。

## 加热和降温

任何锻炼设施必须有适当的加热和降温。这是一个不仅舒适而且安全的问题。任何人在太热的房间里锻炼都是危险的。因加热而使身体问题更复杂和更严重的学员，以及有高血压的学员，过热的房间对他们来说更加危险。在炎热的房间里进行有氧运动格外危险，并可能造成无法挽回的风险。另一个极端是寒冷的房间，使得肌肉难以进行适当的热身，且更易拉伤肌肉。在有氧运动后，在寒冷的房间里体温下降过快，并使拉伸和放松运动的环境不舒适。

## 泳池和淋浴区域

任何水中运动计划，必须评估游泳池、更衣室和淋浴区的安全性和可用性。如果老年人必须通过楼梯进入泳池区域，功能受限的人群可能无法参与这个课程。这不意味着课程无法编制，只是将你的潜在客户名单限制在了可以上下楼梯的这类人群里。

更衣室要光线亮，淋浴区潮湿时，防滑措施要最大化。评估泳池周围的地面，确定是否会由于地表光滑而造成摔倒。在光滑的地面区域可以穿水鞋，但不允许客户穿旧的球鞋，可能鞋底已磨损使穿着者容易摔倒。橡胶垫（水上运动用品店有售）可以解决泳池地面的防滑问题。

评估泳池本身的进出通道。梯子应该有结实的扶手，帮助学员进出泳池。泳池只有梯子进出的话，对那些上半身受限的人来说，爬上爬下会非常困难。

## 锻炼场地的地面

对于陆上课程来说，场地的地面是最重要的。凹凸不平的地面可能会导致关节逐渐恶化和急性损伤。最好的地面是像体育馆或舞蹈室这样的木地板。然而，没有这样条件的情况下，要意识到潜在的风险，可以帮助你根据课程的类型，匹配可用的地面类型。

地面的硬度是主要的考虑因素。在坚硬的地面，如混凝土地面上进行有氧运动是不安全的。常见的多功能地板，或铺上薄垫，在上面做有氧运动可以减轻膝盖、髋部和背部的压力。注意地毯的下面如果直接是混凝土地面，也要注意安全性。甚至是低冲击有氧课程，都不应在混凝土或是其他坚硬表面上进行。如果唯一可用的地面不合适（而且你无法使用心血管设备），那么只能做椅子上限定的有氧动作。

地面的材质也很重要。如果地面光滑或粘脚或有许多光滑粘脚的斑点，则会增加练习者跌倒的风险。地毯也会对安全形成一些威胁（即使放置在可接受的地面上），这时需要调整动作和模式。动作和模式必须非常简单，方向变化要尽量少。左右移动，或是脚在地板上的拖拉运动都会造成危险。这样容易使鞋挂住或钩住地毯，导致脚踝扭伤或摔倒。因此，要一如既往谨慎地衡量每个动作的益处和潜在的风险。

# 推广你的课程

很多平台上都有如何应对不断扩大的老年人健身市场的信息。营销公司将市场细分为年龄或年代段，往往通过几个细分市场来分析老年人市场：50到64岁、65到74岁、75到84岁，以及增长最快的部分，即85岁以上等多个类别。随着营销倾向于老年消费者的策略日渐增多，不考虑年龄的营销比标准方法更有效（Snyder, 2002）。不考虑年龄的营销将年龄排除在等式之外，继而解决消费者的价值、需求和利益这些问题。不管你的方法如何，都应该在社区内创建一个网络，找到目标客户，并建立一个一致的媒体信息和推广系统。

## 创建一个网络

课程的市场营销，将很大程度上取决于合作的组织和个人，他们一般都是给目标客户提供服务的。可以采取的最大化益处的步骤之一，是成为社区老年人服务网络的一个组成部分。其中包括老年人中心、老龄机构、老年人办公室以及各种老年人支持服务机构。如果在这个网络中，你成了一个明显的、可识别的资产，那么你的课程将获得大家的信赖。

让家庭医生、物理治疗师、整形外科专家和脊椎按摩师成为网络的重要组成部分。寻求他们的专业帮助，并邀请他们审查课程。询问他们的意见，例如适合心肺功能受限客户的有氧调节水平，以及针对特定肌肉和关节条件的锻炼的安全性。多数健康专家的日程非常紧，因此一种有效且开放的沟通方式，可能是发送一封信，询问一个可以简短回答的问题。还可以找到一位对老年人的运动有特别的兴趣，并愿意解决相关问题和疑虑的常驻健身专家。

努力建立信任与可靠的关系。这需要投入时间注意细节，但会获得很大的回报。与健康专家充分合作，将提高课程的安全性和可信度。还可能通过这些健康专家的介绍，增加学员人数。正确的运动可以改善健康的许多方面，这已经不是什么秘密了，因此，如果健康专家知道你有一个安全有效的课程，他们会很乐意把客户介绍过来。当我指导蒙大拿州波兹曼的"青春永驻"项目时，我发现200多名的参与者中，约有40%的学员是由医疗保健专业人士介绍过来的。

如果你有幸住在学院或大学附近，请将健康和健身专业人士纳入你的网络。他们经常可以提供关于具体锻炼和其他健康相关主题的重要的最新信息，并且他们通常比医生更乐意提供这方面的信息。学院或大学的健身和健康专家，也可能为参与者提供针对老年人锻炼的课程研究的机会。

## 找到客户

制定营销策略，必须首先决定营销工作的重点。考虑目标客户在哪里生活或工作，照

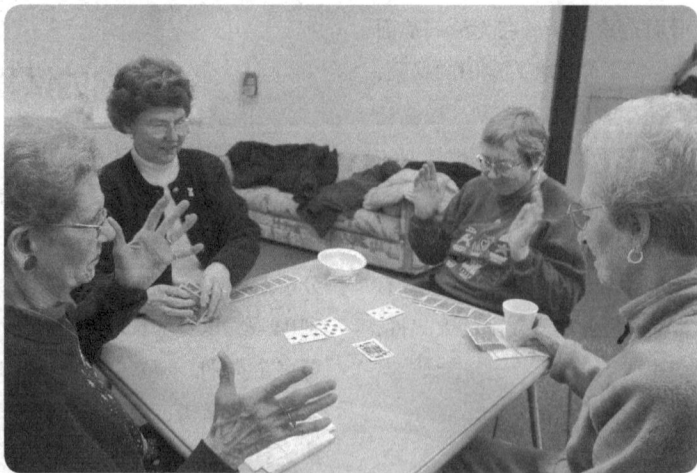

识别出潜在客户进行社交活动的场所

顾他们的健康需求，并在社区中进行社交聚会。一旦确定了潜在客户聚集的场所，那么便可以开发适合这些场所的营销策略。

留意那些为老年人提供特别折扣或额外服务的企业。寻找潜在客户经常光顾的服装和杂货店、礼品和新奇商店、书店、餐馆、理发店或发型师，例如，较老的本地咖啡馆，可能是长驻居民的最爱。寻找那些特别关心和适应目标客户的商家，并将营销工作集中在那里。

位置是另一个要考虑的因素。在老年人住宅的步行距离内，寻找一家杂货店，或提供送货服务的杂货店。找到提供一站式购物的购物中心。没有个人交通工具的人可以经常光顾的商店，他们可以在这站下车，并且能买齐所有要买的东西。

考虑社区的老年人可能会去哪里接受卫生保健服务。寻找一个方便的地点或提供送货服务的药店。条件允许的话，确定拥有大量的老年客户的社区医生。这些人可能包括内科医生、家庭执业医生、关节炎专家和在社区多年的医生。多数医生办公室都有公告栏，可以张贴公告。如果与家庭医生有良好的关系，许多医生会更进一步，把海报放在检查室或把材料发给合适的客户。

最后，确定目标客户社交的场所。老年人中心、社交俱乐部、城市健康恢复中心、高尔夫球场、保龄球馆、特殊社区活动，甚至带有交谊舞曲的俱乐部都是有可能的。志愿者工作也是一个重要的社会渠道。识别志愿工作重点明确的社区组织，以及博物馆、医院等经常开展大型志愿者活动的组织。确定你的潜在客户接触的社区，或是休闲场所，将营销工作重点定位在这些地方。

## 用媒体去接触客户

经由针对性的报纸、广播和电视广告，制定接触潜在客户的策略。老年人是最忠实的报纸读者，报纸也在大幅度增加老龄化问题的报道。统计数据显示，老年电视观众更喜欢新闻、体育、脱口秀和经典电影。年长的听众更倾向于倾听全新的新闻台，以及谈话形式轻松的节目和怀旧节目（Somerville, 2001）。

寻找各种方法，如报纸、广播和电视，从而接触到目标客户。与当地媒体建立互惠互利的关系——这里的关键是"互惠互利"——使自己对他们有价值，每当有人问及时，用专业知识给他们提供背景信息和帮助。然后，准备好推广课程时，可以利用媒体对老龄化问题的兴趣，来吸引当地报纸、电视和无线电广播。桑纳（2005）提供了创建高质量新闻稿的10个技巧：其中包括联系信息；新闻发布日期；使用简短有趣的标题；优先写最重要的信息（谁、何事、何时、何地、为什么、怎么样）；稿件要简短，以第三人称书写并要简洁；用"新闻"的方法而不是"广告"；限制专家意见并保持相关性；引用可靠的统计资源；以及以适当的风格和写作方式仔细编辑内容。

- **报纸：** 找到全国范围内的老年人锻炼有益的故事。当全国的新闻都聚焦这类故事时，联系当地的报纸，看看他们是否会提供一个健康研究的故事。然后，登载一个与该文章主题相关的广告，即你的课程。如果课程已经在进行，那么现在是时候引起当地记者的兴趣，让其作为一个后续或支持性的话题进行报道。课程中的任何特殊事件，都要告诉当地的报纸，建议用人们感兴趣的故事的形式加以报道。
- **电视：** 建议在当地报纸报道的策略也适用于吸引当地电视台的关注。当地电视台有兴趣报道你的课程的时机是，当全国都聚焦于老年人锻炼的益处这一话题的时候。当地电视台持续报道课程中的任何特殊事件，以确保人们对当地报道新闻的兴趣。当地电视台甚至可能乐意进行直播活动，来展示课程的进展状况。这可以取得非常好的宣传效果，对于参与者而言也是非常有趣的活动。

■ **广播**：当地广播电台可能是宣传课程的绝佳途径。各电台面向的细分市场是不同的，基于此点来选择电台。然后当目标客户可能收听此电台的时候，投放你的广告。统计显示，老年人倾向于定期收听新闻节目。虽然电台的广告业务代表会谈及"驾驶时间"（人们可能会在汽车上收听广播的时间），这些时间点与正常的8小时5天工作日是一致的。但是，许多退休老年人在交通的高峰期是不会开车的。与电台的广告业务代表密切合作，以确定目标客户收听的高峰时间段。

■ **付费广告**不是在电台打广告的唯一途径。在公共服务通告（PSA）休息期间，尝试提供健康提示。简短的健康信息之后告知"这个小贴士是由某电台的某课程提供的"，可以大力宣传所推广的内容。无论是广告宣传还是公益广告，都要考虑用引人入胜的老歌来进行导入。但是要确保对话非常清晰，没有背景音乐的干扰。最后关闭信息前，重复你的联系方式。

■ **网络在线**：业界和医疗保健机构，以及政府机构，都大力推动人们去网站获取信息。根据皮尤基金会的报告，60到69岁之间的人使用互联网的占54%，婴儿潮出生的那代人，使用率为72%到78%（Sipe，2008）。为课程创建一个网站，允许潜在客户查看课程表，阅读课程详情，以及查看活动现场的照片。如果知道如何制作（或你认识会做的人），可以提供课程的短视频链接。确保你的联

## 健身课程是我生命的一部分

现年76岁的海伦，是在"青春永驻"项目中开始自己的锻炼的，该项目是1995年在波兹曼成立的，旨在确定运动对老年人的影响。海伦感到无比骄傲，这些年来她完成了该项目的每个活动。当问及是什么激励她坚持参加锻炼课程时，她说："健身课程是我生命的一部分。他们让我感觉非常好。如果我错过了课程，我会发现有什么不对，并迫不及待要回到课堂。"她补充道："我的医生惊讶于我的柔韧性，我知道这都归功于水中锻炼课程。"

"我真的很喜欢其他女士。课堂的社交方面使我上课很享受，因为我了解这些人，并乐于与他们交流。我也喜欢来上课的新朋友，当他们发现课程让他们变得更健康时，我很高兴。"海伦也在家用器械健身，但是她是无论如何也不会放弃她的水中有氧课程的。

系方式很容易找到，并允许用户通过发送邮件提问。创建一个网站，人们将去那里获取信息。即使只提供了一系列方便的链接，但链接到信誉良好的组织并提供有关老年人健康的资源，那也会有很好的效果。

## 特别推广

特别推广，例如将课程与特定的活动联系起来，或者甚至一个数据收集活动，也会使人们对你要展现的内容感兴趣。他们为那些正在考虑加入课程的人，提供了一个迈出第一步的特殊契机。当准备开始一个新的课程时，特殊推广活动也能帮助发展课程核心成员。进行特别推广时，有一个精心策划好的课程是非常重要的，因为它将启动一个口碑相传的网络。这个网络启动时，如果课程能够让参与者受益，那么其影响是非常积极的。任何事件作为噱头宣传，而无法达到预期的结果，那么将弊大于利。

如果你已经有一个核心成员小组，那么考虑在老年人中心或当地购物中心，举行健身展示会。也可以开放课程展示，允许潜在客户观察你的器械，或免费体验课程。寻找诸如"美国老人月"（5月）这样的机会来举办此类活动。许多国家组织，例如，总统身体健康和运动委员会、美国老龄管理局、国际老年活动委员会以及美国老龄化委员会，都有海报和其他宣传材料供你使用。你也可以参加特别活动，一般是由当地慈善机构或者社区募捐者赞助的。通常，这些活动都是以散步或与锻炼相关的其他运动为中心，让参与课程的老年人作为一个群体参加活动，从而展示宣传你的课程。

对一组客户，做一个简单的前测–后测，并采集数据，以记录课程练习对特定身体功能的影响，这是一件有益的事。参考*Senior Fitness Test Manual*（Rikli & Jones, 2001），进行一个简单的功能性健身测试，不需要专门设备或过多的培训。面向课程参与者的广告会带来这一类新客户，他们正在考虑加入课程，并且只需一点额外的契机。这个活动也让你有机会向当地媒体更新信息，让人们对课程产生更大的兴趣。

课程结束，要积极获取可用于推广课程的数据——关于身体功能得到提高的信息，以及通过锻炼取得个人进步和幸福感的评价。课程参与者获得的积极成果，也将产生积极的口碑效应，为你带来更多的新学员。

## 课程材料

可能会使用到各种海报、传单和小册子来宣传课程，并定期与参与者进行交流。如有可能，请咨询市场营销和图形专业人员，帮助制定最佳宣传材料。这些材料将影响潜在客户对课程的第一印象。

制作推广材料时，一定要结合目标人群的需求。例如，随着年龄增加，有一些潜在客户会出现一定程度的视力衰退，所以设计必须简单整洁，且方便易读。试图在一个主题上加入过多的信息，会降低清晰度，并阻碍那些视力困难的人去阅读小册子。使用高对比颜色，比如在白色或黄色纸上印刷黑色的字体；即使是象牙色的纸也会在很大程度上减弱这种对比。蓝色到深蓝色，绿色和红色等颜色纸，阅读起来也很困难。即使白纸上彩色字体也难以阅读，所以文本请使用黑色字体。字体应略大于普通字体，主要由简单的字母组成。谨慎使用花体字，因为会降低易读性。也请避免使用多种字体，这会造成混乱的外观。

你的联系方式旁要有一个容易识别的标志或是图形，并附在所有的推广材料上。这给你的潜在客户，提供了课程相关的一致性，以及一个永久的形象，并确保他们知道如何联系你，以取得更多信息。

## 激励大家参与

营销计划的成功，很大程度上取决于如何激励目标客户采取行动。你必须做到鼓励人们参与并坚持课程。身体、社交以及情感因素，已经被证明可以激励人们开始并坚持一个锻炼计划。为了取得市场营销的最佳效果，尽可能多地注意这些方面。有关激励和顺应性的具体信息，请参阅第3章。

鼓励那些渴望提高功能性能力、身心健康以及幸福感的人来参加课程。就像前述章节中讨论的内容，功能性能力涉及独立、活跃的生活方式和较高生活质量等必要的体能。这些体能包括运动范围、力量和爆发力、平衡性、协调性以及心血管功能和耐力。因此，课程中必须尽可能多地囊括这些因素。

必须告知潜在客户，通过课程可以带给他们特别的益处。例如，腿部力量、爆发力和柔韧性，并让他们可以参与高尔夫、旅行以及登山等休闲活动。身体变得更健康，意味着有更多精力参与所有自己喜欢的运动。当宣传课程时，要强调课程是如何明确地帮助他们保持独立并提高生活质量的。

参与者在体能、功能性能力上得到了显而易见的提升，或是感觉到身心健康和幸福感得到提升，这些都会激励他们继续坚持参加课程。如果提供一个协调全面的课程，学员便会取得显著成效。因此要定期评估和记录以下方面有所提升的数据：心血管功能、力量、柔韧性、整体活动能力和幸福感。征求学员感受自身进步的反馈。帮助学员制定个人化的短期或长期目标，并用奖品和庆祝活动奖励他们取得的成功。奖励参与和目标达成可以提供一些额外的动力，人们有时需要把锻炼作为他们生活方式的一部分。

锻炼维持功能性能力

## 针对老年人公寓中的课程

本节讨论提供很少或没有特别服务的独立居住公寓，有多种服务的生活社区，例如连续性照护退休社区、辅助生活社区以及康复护理中心。本节还指出了老年人生活环境带来的挑战，并为课程的开发和营销提供了思路。

虽然老年人公寓中客户群体集中且定位明确，但仍然要积极营销，从而让老年人更加主动地参与到课程中。在连续性照护退休社区，平均只有20%到30%的居民，经常参加现场锻炼课程。此外，不参加的人中，只有一小部分经常参加其他形式的身体活动。显然，拥有固定客户并不能保证课程的参与度和成功。

此外，不要因为锻炼场所位于老年人公寓，而简单地认为这是最适合的目标群体。场所通常用于多种目的，因此，也要按照评估社区课程所需设施的方式，评估用于锻炼计划的专用场所（第137页）。

仔细考虑环境中大多数人的生活状态和健康文化（即对运动的态度和选择其他健康生活方式的态度）。参见第3章，确定和消除影响参与度的潜在障碍。

## 独立生活公寓

许多社区有这样一些公寓或开发项目，他们的居民年龄是受限制的（必须年满55周岁）。这些项目涉及范围很广，从低收入保障性住房到高档项目都有涉及。有些社区是有运动区域的（一般包含一些过时的设施），但许多仅有多功能活动室。超出其他公寓社区的服务或健身项目，这些年龄受限的公寓是不提供的。有些公寓有俱乐部会所，包含健身设备和会议社交场所，但不能提供膳食或锻炼课程这样的服务。

对年龄受限公寓人群的最大营销优势就是可以在一个场所集中营销力量。介绍课程之前，与居民们和工作人员交谈，能了解公寓内居民的健康文化。了解居民们感兴趣的话题，并提供免费的健康讲座。与来参加讲座的人聊天，如果可能，拜访那些对课程项目不感兴趣的人，了解阻碍人们参与的障碍是什么。开始锻炼课程前，向居民们发一份问卷，询问当前身体状态和运动水平，以及对运动和健康生活方式选择的态度。一定要与现场工作人员或物业员核实，在现场分发材料和提供课程有什么样的规定，并确保遵守规

定。问卷要简短（一页），简单地填写即可，并且保密（不需要姓名），这可以帮助你深入理解环境文化。参考图7.1进行身体活动调查的问卷示例。

培训团队人员，掌握这些公寓老年人的生活动向，并了解他们为什么参加或拒绝你的课程。保持友好而专业的态度；避免评论或参与任何个人冲突，但是要考虑怎样尽量减少他们对课程发展的影响。你可能无法改变这些事情，但重要的是对其理解，因为这是保障课程成功的重要因素。

## 连续性照护退休社区

连续性照护退休社区（CCRCs）通常提供3种组合生活方式：独立生活，居民生活在公寓里，城镇住宅或村舍，并且日常生活不需要帮助；辅助生活，居民有自己的房间和浴室，并且需要日常帮助；以及康复护理，居民有一个房间和浴室，需要日常帮助，以及康复或护理服务。

许多连续性照护退休社区都有健身或康复中心，包括增强心血管的训练设备（跑步机、动感单车以及坐式踏步机）和抗阻训练设备。一些社区有运动室，可以进行一些低冲击有氧运动课程，如太极、舞蹈以及椅上练习。一个连续性照护退休社区可能会有一个以饭店形式供应一日三餐的餐厅，社交区，沙龙或理发店，内部医疗服务，各种体育运动课程，以及高度成熟的活动课程表。尽管居民欢迎整个建筑都有设施和活动，但通常还是喜欢有一个单独的餐厅、单独的多功能活动室以及供辅助生活和康复护理的老年人单独活动的地方。

## 辅助生活和康复护理

独立式的辅助生活社区，服务于那些不能独立生活，但不需要医疗护理服务的人。居

# 活动调查

日期 _____ 年龄 _____ 性别 _____ 电话 _____

为了保证调查的效果，将身体活动定义为5分钟以上的散步，参加锻炼活动（自己或和大家一起），或者参加一些需要持续活动的业余爱好，如园艺、跳舞或保龄球。

过去30天里，一周参加几次身体活动？（圈中一个）

　　0到1次　　　　2到3次　　　　4到5次　　　　6次或以上

你如何评价你的个人整体健康？（圈中一个）

　　差　　　　一般　　　　好　　　　非常好　　　　绝佳

请回答以下陈述，在1到5的范围内，圈出最能描述你的感受的回答，1为"强烈不同意"，5为"强烈同意"。

| | 强烈不同意 | | | | 强烈同意 |
|---|---|---|---|---|---|
| 1. 身体活动改善了心理功能。 | 1 | 2 | 3 | 4 | 5 |
| 2. 担心身体活动让我受伤。 | 1 | 2 | 3 | 4 | 5 |
| 3. 虽然我老了，但是我能变强壮。 | 1 | 2 | 3 | 4 | 5 |
| 4. 我知道如何安全地运动。 | 1 | 2 | 3 | 4 | 5 |
| 　定期的身体活动可以帮助我维持或恢复身体能力。 | | | | | |
| 5. 洗澡或淋浴。 | 1 | 2 | 3 | 4 | 5 |
| 6. 坐下或站起。 | 1 | 2 | 3 | 4 | 5 |
| 7. 上下楼梯。 | 1 | 2 | 3 | 4 | 5 |
| 8. 较随意地行走15分钟。 | 1 | 2 | 3 | 4 | 5 |
| 9. 够到头顶上方的橱柜或架子。 | 1 | 2 | 3 | 4 | 5 |
| 10. 有不能参加活动的情况。 | 1 | 2 | 3 | 4 | 5 |
| 　请说明 _____ | | | | | |
| 11. 我正在考虑参加一个锻炼课程。 | 1 | 2 | 3 | 4 | 5 |
| 12. 我坚信身体活动对健康很重要。 | 1 | 2 | 3 | 4 | 5 |

**感谢您参与我的调查！**

▶ **图7.1** 活动调查示例

源自：K. van norman, 2010, Exercise and wellness for older adults, 2nd ed. (champaign, I: Human Kinetics).

民拥有自己的卧室和卫生间（但通常没有厨房）或者有自己的卧室，但是浴室公用。这些社区通常有多功能活动室，里面有些定时活动。有时，也提供专门的健身房，但非常小。这里的身体活动的主要形式是椅上练习和康复练习。

多数需要康复护理的居民有明显的精神或功能障碍。他们共用房间和浴室，或者私人房间和浴室。通常也有一个多功能活动室，里面会有些定时活动。某些情况下，有一些可用于增强心血管或者力量的设备，通常用于物理或专业治疗。椅子练习和康复练习是主要的身体活动形式。

# 直面老年人公寓中的挑战和机会

在任何集体居住环境中（连续性照护退休社区、辅助生活和康复护理），都需要考虑一些独特的挑战。通过组织的使命、目标、政策以及相关法规，鼓励商业和非营利文化，以此来管理老年人公寓。康复护理的设施管制非常严格，经常评估并调查确保居民的需求得到满足。辅助生活设施比康复护理设施的规定要少，但比独立生活的更为规范。有时，这些规定可能会给老年人身心健康课程的编制带来困难。花时间理解这些规定，并找出方法来制定健康课程，以满足身体、社交和情绪健康等相关的要求。

工作人员的工作方式受组织文化、使命和目标的契合度，以及雇佣和培训政策的影响。居民的动态取决于组织文化、工作人员的工作方式以及生活在狭小空间里的人们的人际关系。所有的这些因素都明显影响老年人生活社区的身心健康文化。

## 组织文化

能够理解以下两点非常重要，一是老年人社区的身心健康课程是否作为活动表的一部分（即填补空闲时间），或者是否有全面的身心健康课程；二是它竭力将社区活动服务和居民的身心健康紧密联合为一个整体。身心健康课程的一部分是由组织政策驱动的，另一部分由执行团队驱动。当作为老年人生活设施的活动协调员或领导者时，你与执行团队（即首席执行官、首席财务官、运营副总以及社区主管）的关系决定了能否获得支持，这可能会极大地影响身心健康课程的编制。此外，你与医疗主管的关系，对于身心健康课程的成功也很重要。

从执行团队的角度来看，他们最终负责确保组织的长期资金来源。不要把改善居民的健康作为方案资金申请的唯一理由，因为这通常是社区所有人的期望。能够清晰地阐明课程如何具体地完成组织的任务、目标非常关键。

将居民参与身心健康课程的一些事项结合起来，这些事项有降低成本、提高向潜在客户推销社区的能力，还有助于改善居民的功能状况，以及提高居民满意度（从而减少人员流动）。还要学会阐明，居民和员工的身心健康如何改善人员招聘、满意度和稳定性。员工薪水占预算的很大一部分，所以执行团队首要关注的是找到并留住优秀的员工。吉姆·摩尔的著作 *Assisted Living Strategies for Changing Markets* 以及相关网站提供了一些见解，是有关老年人生活社区业务主管面临的日常挑战。用这些信息来构建身心健康课程，去应对常见的挑战。

## 员工和居民的互动

努力让员工成为积极的健康大使。与家政、维修、医疗和餐饮服务的主管交流，了解每个部门的责任。确保清晰地表达身心健康课程的目标，并且要考虑课程何时以及怎样积极或消极地影响每个责任区域。如果您正在进行的项目或特殊活动，会给员工带来不便或者增加他们的工作量，请考虑采取什么措施来减轻这种影响。有时候一个简短的谈话可以防止问题的恶化，要认识到其他工作人员做出的努力。

经常与医生沟通，确保医生知道你提供了哪些锻炼课程，有什么措施保障参与者的安全，以及如何协调物理与职业治疗师的工作。找到方法帮助医疗人员实现健康管理的目标，他们也将更愿意鼓励居民去参加课程。例如，与物理和职业治疗师密切合作，通过讨论说明你的课程可以帮助居民在维持治疗中取得的效果，以及可以帮助居民从治疗性锻炼过渡到你的课程。通过简单的功能评估，跟踪居民参加项目后的功能状况，并定期与医务人员分享这些信息。许多居民，尤其是那些有重大健康问题的居民，非常依赖医疗保健提供者的建议，来指导身体活动。因此，这种积极关系可以显著影响居民对课程的参与度。

每一个员工和居民间的互动关系，都可能增强或削弱身心健康的信心。员工必须接受培训，去考虑他们的行为（或不作为）如何影响周围人对身心健康的态度和期望（见第149页的"居民与员工互动"）。确保员工理解，他们为创造身心健康的氛围所能发挥的关键作用。这就需要有一个员工培训和持续教育的完善过程。确保新员工在第一次进到社区时，就学习并了解全面健康的知识。倡导为员工和居民提供健康机会，并将阐明健康目标和举措的材料，提供给人力资源主管。确保所有部门主管，为新员工提供一个如何创建健康社区环境的简单明了的概述。应该教育员工什么课程是可利用的，并且要求工作人员参与身心健康课程的推广。

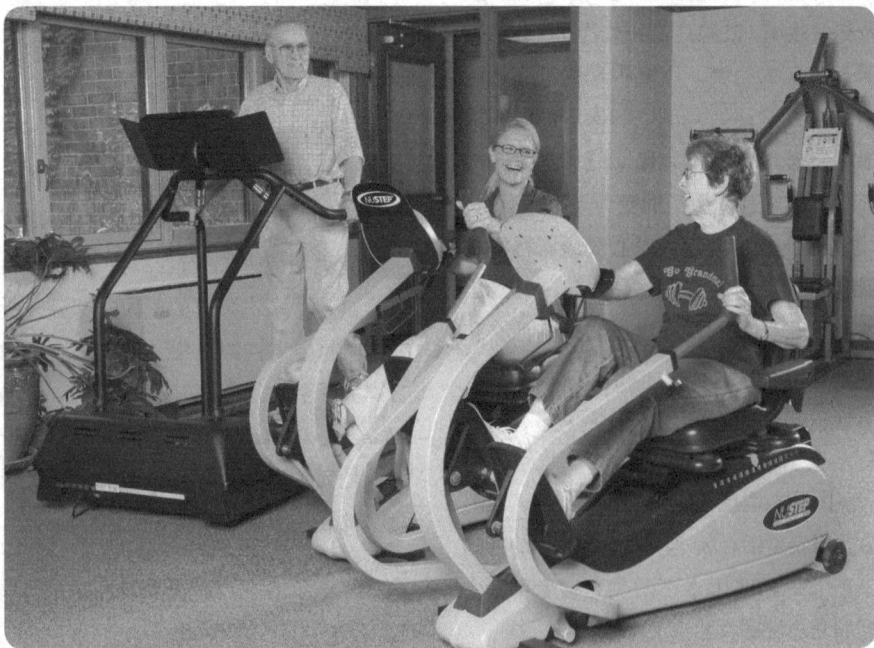

居民和工作人员分享健康的机会

例如，一个连续性照护退休社区的维修人员雷会弹吉他，且有兴趣教给居民。健康协调员与社区主管协商，允许雷在工作日中，每周向居民教授半小时的吉他课程，而不会对他的薪酬有任何负面影响。在同一大楼工作的食品主管热爱历史，且自愿每周主持一次历史讨论。这种方法提高了课程的知名度和可信度，也为老年人生活环境中一个最大的难题提供了应对策略——招聘和留用高素质的员工。这种方式能促进积极的居民与员工互动，提高士气，并强烈声明员工的"整体"价值，即除了工作外，还展现了其他价值。寻求执行团队的支持，让员工参与健康活动，强调这种方法如何以很小的代价，提高员工招聘效果、满意度和留用率。

在健康倡议中，雇佣既能服从安排又积极的员工，是创建全社区健康环境的关键要素。希望以健康社区营销自己的老年人社区，往往投入大量的精力和金钱在创建健康中心、锻炼课程和设备上。但是，没有聘到合适的员工（各部门的）的话，那么投资回报会石沉大海。

无论年龄或环境，每个群体都会有自己独特的动态。注意居民的动态，不要放弃或远离一部分人。通常会有一些易于识别的领导者，他们会参与许多课程，并服务于咨询委员会。与这些领导者交谈，获取有关群体动态的见解，但不要仅仅根据领导者的印象，对其他居民做出判断。也可能有不追求领导角色，但其余人都追随他的"天然"领导人。为了吸引目前没有参与课程的居民，找出这个群体的天然领导者，以便更好地了解居民的参与障碍。关于如何识别参与健康活动的常见障碍，请参阅第3章。

## 创造身心健康的文化

考虑前述的每一个因素对社区整体文化的影响，并找机会将身心健康融入日常生活的细节。使用身心健康课程让社区活动变得更加充实，并为居民和员工促成一个幸福的氛围，这两者有着深刻的不同。身心健康课程，并不意味着现有的课程完全没有意义。相反，通过以下方式，身心健康的6个维度可以自然地构建整体项目框架。

- 包括身心健康的所有因素。
- 提供评估现有课程的方法和新课程考虑因素的方法。
- 即使员工流失，也能提供健康课程的

### 居民与员工互动

一名家政工作人员走下大厅，并观察停在走廊里的居民，在健康工作站做功能性锻炼。这时工作人员会，

▶ 嘻嘻地笑或轻笑地走过（场景1）；

▶ 完全忽略该居民（场景2）；

▶ 微笑着问好，叫出名字，鼓励他，甚至可能询问是否可以让他加入这个活动（场景3）。

场景1表现出一种讥笑，产生了好像锻炼被"抓"现行的尴尬和羞耻。场景2表现出漠不关心，对于一个不自信的人来说，健康选择受到了打击。场景3加强了居民参与的决心，创造了员工和居民之间的联系，营造了身心健康的氛围。

园艺会锻炼多方面的健康

延续性。

■ 向所有员工和居民，宣传课程的目标。

■ 帮助员工和居民建立互相尊重对方的关系。

■ 帮助员工和居民，即使有挑战，也要了解自身的发展空间。

■ 为了自己的身心健康，让员工和居民成为积极的搭档，提高他们的运动质量。

■ 提供简单、具体的策略，让员工为居民的身心健康共同努力。

■ 创造幸福社区的期望，为居民和员工提供支持身心健康氛围的策略。

## 开始

创造一个社区范围内的身心健康氛围，重要一步是仔细检查现有课程。为健康的每个维度创建一个工作表（表7.1），并在适当的标题下列出课程提供的内容。许多计划都可以列在几个类别之下，但是起初应该列在反映课程首要目标的维度下。例如，椅上练习可能列在身体锻炼维度，但也适合社交维度。这将对哪个健康维度该计划所含内容已很丰富，哪个维度需要进一步发展完善提供一种视觉展示。其也要包括医疗保健产品以及生命增强活动。

列标题为"拓展方式"的内容，鼓励你去思考不同课程在每个维度的不同方法。例如，精神维度，考虑增加一些有助于思考、反思的计划，以支持个人在精神方面的成长。这将有助于解决社区居民组成的复杂性问题，也方便居民的个人自主参与。这可以通过为居民提供简单的必要资源尝试新事物来实现。例如，在身体维度上，制作锻炼工具和自制的指导小册子或视频，让人们可以选择自己锻炼。第5章提到的健康工作站是一个很好的自我指导例子，涉及了多个健康维度。人们可以根据他们选定的日子和时间，以他们喜欢的参与程度使用健康工作站。他们可能只是看插

表7.1 **部分完成的健康工作表的实例**

| 维度 | 现有计划 | 拓展方法 |
|---|---|---|
| 身体 | 锻炼课程<br>步行俱乐部<br>健康筛查<br>流感疫苗<br>园艺<br>营养计划 | 一周的活动<br>健康工作站<br>室内电视频道示范运动<br>步行沉思<br>按摩疗法<br>物理疗法<br>太极站<br>瑜伽站<br>自我指导锻炼资源<br>（磁带，DVD，小册子，阻力带）<br>视频游戏运动（Wii游戏） |

图，阅读正面的肯定陈述，或停止进行功能锻炼，并将外卖物品放入口袋。有关使用健康工作站作为独特健康课程的更多信息，请参阅第5章（第79页）。

## 综合方法

使用MOVE［motivation（动机），opportunity（机会），verification（验证）和education（教育）的首字母缩写］项目背后的概念，去创建一个在他人指导和自我指导间平衡的活动。鼓励居民在健康方面成为搭档，而不仅仅是健康产品的顾客。动机是指帮助居民了解为什么一个课程与个人相符；机会包括在多个层次、维度和变化阶段中持续获得健康的机会；验证是指不断强化健康概念；教育需要系统地提供有关健康主题和机会的信息。有关MOVE概念的详细说明，请参阅第3章中的内容。

表7.2说明了使用这一概念，如何将一个源自老年人社区的普通计划课程表扩展为更加综合的方法。自我指导的参与，有助于人们在改善生活质量方面发挥积极的作用。创

表7.2 **综合计划概念**

| 主要维度 | 常规现有计划 | 拓展方法 |
|---|---|---|
| 身体 | 椅上练习<br>其他锻炼课程<br>流感疫苗<br>健康筛查<br>园艺<br>步行俱乐部 | 家庭锻炼的手册和器械<br>一周的例行活动<br>健康工作站<br>休息前或饭后、电影后的身体活动<br>内部电视台播放的多功能能力水平的休息活动<br>循环行走，室内或室外，各种距离<br>步行沉思<br>按摩疗法<br>物理疗法<br>Wii游戏（任天堂家用游戏机） |

右上角：续表

| 主要维度 | 常规现有计划 | 拓展方法 |
|---|---|---|
| 社交 | 锻炼课程<br>猜谜游戏<br>步行小组<br>逛商场<br>俱乐部会议 | 积极支持锻炼课程中的社交活动<br>做志愿者的机会——写邮件、打电话给当地居民<br>与学校展开忘年交活动<br>与朋友或家人用互联网交流<br>特定主题讨论，以咖啡社交的形式（处理损失，投资，成立组织，欢乐幽默）<br>与更大社区接触的机会——花时间关注当地的问题<br>交谊舞，邀请社区居民参加，并由当地老师提供指导<br>谁是谁——一个混合游戏，激发更多互动<br>Wii游戏 |
| 情感 | 电影<br>宠物疗法<br>生活故事研讨会<br>音乐节目 | 积极的赞美训练<br>健康工作站<br>当天健身课程的想法，张贴在公告板上<br>增强功能提高自我效能感<br>对抗悲伤、伤害的研讨小组<br>自助技巧<br>步行沉思<br>与大自然互动，郊游<br>特定主题讨论，以咖啡社交的形式（处理损失，投资，成立组织，欢乐幽默）<br>为大社区做贡献的机会［老年人退休志愿者计划（RSVP），医院婴儿编织帽计划］<br>代沟课程<br>按摩疗法<br>香薰<br>动物互动<br>通过艺术培训增加表现力（音乐，舞蹈，绘画，雕刻） |
| 智力 | 电影<br>客座讲座<br>小组讨论<br>读书俱乐部 | 新技术手段的教育（手机，DVD，传真机，电脑互联网，电子邮件，网络视频培训）<br>积极心理学的教育和讨论<br>老龄化和健康的教育及讨论<br>兴趣科目自学手册<br>时事讨论<br>当地问题解决措施的头脑风暴<br>教授爱好或技能的机会<br>用桌签或在公告牌上玩脑筋急转弯<br>小游戏 |

| 主要维度 | 常规现有计划 | 拓展方法 |
|---|---|---|
| 职业 | 俱乐部会议<br>小组讨论<br>园艺 | 爱好上网<br>做志愿者的机会<br>各层面目标设定的研讨会<br>关注可能性而不是局限性的研讨会<br>有关自我效能和自我激励策略的信息<br>通过合作伙伴关系与更大的社区建立联系<br>通过艺术培训增加表现力（音乐、舞蹈、绘画和雕刻）<br>Wii 游戏 |

建一个在他人指导和自我指导间平衡的活动，鼓励居民成为课程中的搭档而不仅仅是顾客。在各个能力水平和变化阶段中，提出了每个健康维度下各种不同的健康方法，这样做提供了许多进入这一健康生活方式的视角。利用机会接触当前的参与者和不经常参加小组活动的人。

通过一些社区渠道，例如老年人中心、老年服务供应商、当地商业机构，将相同的综合方法有效地推广到更多的社区。

在美国，许多机构都在为老年人寻找增强身体活力的方法，或是健康的生活方式，特别是那些被认为处于危险中的老年人（即居家或体弱的人）。

## 健康小结

许多老年人健康课程都是基于老年人中心、社区中心以及健身俱乐部。其他则基于老年人居住的环境，例如年龄受限的公寓、连续性照护退休社区、辅助生活和康复护理中心。基于社区的课程必须找到合适的设施，通过市场营销找到客户，并建立一个激励潜在客户参与的形象。老年人生活社区的课程有些独特的挑战和机遇。他们可以方便接触到一大群老年人，但还是必须做好市场营销，才能让居民愿意参与你的课程。不管是什么场所的健身课程，都要提供一套综合方法，适合各个不同功能性能力水平和不同变化阶段的居民。

老年人健康领域正处于起步阶段。婴儿潮一代刚刚开始进入衰老期，人们还在继续书写剩下的一半人生该是什么样子的故事。健身俱乐部、老年人中心以及社区项目，都随着这一群体在快速发展。老年人生活环境可能会经历着很大的变化。婴儿潮一代为父母或亲人购买老年人生活"产品"，已经在影响这个行业，但是，在我们能提供最佳的环境前，还有很长的一段路要走。

为锻炼课程创建六维模型，以及确保取得与个人相关的机会，二者构成老年人服务市场中的一层。培养对老龄化和健康的积极态度和期望，以及鼓励对健康行为和结果负起责任，是相互关联的层面。通过参加有意义和有目的的活动，所有的努力都是为了提高生活质量。当老年人生活社区围绕这个意义和目的发展时，业界就会产生真正的变化。例如，开发公司将大量资源投入到开发场地规划、功能以及房产的内饰和外观中。营销计划几乎同时设计出来，以位置和发展之处吸引潜在客户。人员编制、规划和社区的社会环境和情感环境非常重要，但这与身心健康的发展比起来，显然是次要的。

如果我们想确保高质量的生活和健康的氛围，那么开发一个项目优先考虑的事就是其意义和目的。新型老年人生活社区应该以特定的目的进行建设，也就是说，有哪些东西是居民和员工的共识，并将为之奋斗？例如，如果一个老年人生活项目，是围绕着为更大的社区（即学校、医院、高级中心）发展有机产品而开发的，那该怎么办呢？这些土地将被开发来容纳有机花园和温室，并且营销计划将宣传社区的意义和目的。当然，还将培养全社区的健康文化，但有机园艺将是社区的首要目标。本着健康的目的，每个人按自己的能力水平和自选水平参与进来。自适应策略将用来促进任何想参与的人参与活动，不管挑战如何。我可以想象，辅助生活和康复护理中心的居民和工作人员，也会希望可以照顾动物园里的动物，邀请学童做日常访问，或者与当地的动物收容所合作照顾动物。

有许多社区项目很有价值，但人员和资金都不足。如果不考虑年龄这一要素，我们可以效仿残疾人运动。无论有怎样的挑战，都应努力让重度残疾的青年人得到鼓励和充分表现的机会，并且为他们社区出力。体弱多病的老年人也应得到同样的鼓励和机会。

我们希望看到在营销材料方面，专注于社区居民和种植了多少有机农产品；或者为生活拮据的人提供餐馆、学校、医院和膳食计划；或者强调参观动物园的儿童人数，而不是关注建筑和家具的美观，或健康护理设备和它们的提供者的关系是多么密切。当我们改变对老龄化功能受限人群能力的看法和期望时，将会有无穷的可能性和美好的未来。

# 参考文献

Administration on Aging, U.S. Department of Health and Human Services. (2005). *A profile of older Americans: 2005.* Washington, DC: U.S. Department of Health and Human Services.

Allen, J.V. (2005). Legal standards, risk management, and professional ethics. In C.J. Jones and D.J. Rose (Eds.), *Physical activity instruction of older adults* (pp. 351–363). Champaign, IL: Human Kinetics.

American College of Sports Medicine. (1991). Exercise prescription for cardiac patients. In *Guidelines for exercise testing and prescription* (4th ed., pp. 121–186). Philadelphia: Lea & Febiger.

Armstrong, S. et al. (2001). National blueprint: Increasing physical activity among adults age 50 and older [special supplement]. *Journal of Aging and Physical Activity* 9.

Bandura, A. (1997). *Self efficacy: The exercise and control.* New York: Freeman.

Barnes, D.E. (2004). *Action plan for diabetes: Your guide to controlling blood sugar.* Champaign, IL: Human Kinetics.

Benjamin, K., N.C. Edwards, and V.K. Bharti. (2005). Attitudinal, perceptual and normative beliefs influencing the exercise decisions of community–dwelling physically frail seniors. *Journal of Aging and Physical Activity* 13: 276–293.

Berger, B.G. (1989). The role of physical activity in the life quality of older adults. In W.W. Spirduso & H.M. Eckert (Eds.), *The academy papers: Physical activity and aging* (pp. 42–58). Champaign, IL: Human Kinetics.

Bloomfield, S.A., and S.S. Smith. (2003). Osteo–porosis. In L.J. Durstine and G.E. Moore (Eds.), *ACSM's exercise management for persons with chronic diseases and disabilities.* Champaign, IL: Human Kinetics.

Boileau, R.A., E. McAuley, D. Demetriou, N.K.

Devabhaktuni, G.L. Dykstsra, J. Katula, J. Nelson, A. Pascale, M. Pena, and H. Talbot. (1999). Aerobic exercise training and cardiorespiratory fitness in older adults: A randomized controltrial. *Journal of Aging and Physical Activity* 7: 374–385.

Bradley, D.E., and C.F. Longino (2001). How older people think about images of aging in advertising and the media. *Generations, Journal of the American Society on Aging* 3: 17–21.

Brill, P.A. (2004). *Functional fitness for older adults: Ready-touse programs for improving quality of life.* Champaign, IL: Human Kinetics.

Brunner, F., A. Schmid, A. Sheikhzadeh, M. Nordin, J. Yoon, and V. Frankel. (2007). Effects of aging on type II muscle fibers: A systematic review of the literature. *Journal of Aging and Physical Activity* 15: 336–348.

Bryant, C.X., and Green, D.J. (Eds. 2005). *Exercise for older adults: ACE guide for fitness professionals.* San Diego: American Council on Exercise.

Buettner, D. (2005). The secrets of long life. *National Geographic*, November 2005.21–30.

Bylina, M.M., T. Hu, T.J. Conway, J. Perrin, J.L.E. Houser, J. Hurst, and C.C. Cox. (2006). Comparison of exercise attitudes and behaviors of urban older adults with AARP's national sample results. *Journal of Aging and Physical Activity* 14: 41–58.

Centers for Disease Control and Prevention and the Merck Company Foundation. (2007). *The state of aging and health in America.* Whitehouse Station, NJ: Merck Company Foundation.

Cheung, C., J. Wyman, C. Gross, J. Peters, M. Findorff, and H. Stock. (2006). Exercise behavior in older adults: A test of the transtheoretical model. *Journal of Aging and Physical Activity* 15: 103–118.

Chodzko–Zajko, W.J. (2005). Physiology of aging and exercise. In C.X. Bryant and D.J. Green (Eds.), *Exercise for older adults: ACE guide for fitness professionals* (pp. 2–23). San Diego: American Council on Exercise.

Christensen, C.L., V.G. Payne, E.H. Wughalter, and H.H. Yan. (2003). Physical activity, physiological, and psycho–motor performance: A study of variously active older adult men. *Research Quarterly for Exercise and Sport* 74: 136–142.

Clark, D.O., T.E. Stump, S.L. Hui, and F.D. Wolinsky. (1998). Predictors of mobility and basic ADL difficulty among adults aged 70 years and older. *Journal of Aging and Health* 10(4): 422–440.

Coalman, M. (2007). Positive psychology: A new way to support wellness in older adults? *Journal on Active Aging* 6(4): 51–55.

Cohen, G.D. (2005). The mature mind. *The positive power of the aging brain.* New York: Basic Books.

Cohen–Mansfield, J., Marx, M.S., Guralnik, J.M (2003). Motivators and barriers to exercise in an older community–dwelling population. *Journal of Aging and Physical Activity* 11: 242–253.

Cousins, S.O. (1997). Elderly tomboys? Sources of self–efficacy for physical activity in late life. *Journal of Aging and Physical Activity* 5(3): 229–243.

Dishman, R.K. (1994). Motivating older adults to exercise. *Southern Medical Journal* 87(5): 79–82.

Durstine, L.J., and Moore, G.E. (Eds.) (2003). *ACSM's exercise management for persons with chronic diseases and disabilities.* Champaign, IL: Human Kinetics.

Elkowitz, E.B., and D. Elkowitz. (1986). Adding life to later years through exercise. *Exercise in the Elderly* 80(3): 92–94.

Ferebee–Eckman, T. (2008). Dance for older adults: A fun approach to exercise. *Journal on Active Aging* 7(4): 50–57.

Fiatarone, M. (1994). Exercise training and nutritional supplementation for physical frailty in very elderly people. *New England Journal of Medicine* 330: 1769–1775.

Fielding, R.A., N.K. LeBrassuer, A. Cuoco, J. Bean, K. Mizer, and M.A. Fiatarone–Singh. (2002). High velocity resistance training increases skeletal muscle peak power in older women. *Journal of the American Geriatric Society* 4: 655–662.

Foldvari, M., M. Clark, L.C. Laviolette, M.A. Bernstein, D. Kaliton, C. Castaneda, C.T. Pu, J.M. Hausdorff, R. A. Fielding, and M.A. Singh. (2000). Association of muscle power with functional status in community–dwelling elderly women. *Journal of Gerontology: A. Biological Science Medical Science* 55(4): M192–199.

Goldberg, A.P., and Hagberg, J.M. (1990). Physical exercise in the elderly. In E. Schneider and J.W. Rowe (Eds.), *Handbook of the biology of aging* (pp. 407–423). San Diego: Academic Press.

Gordon, N.F. (2003). Hypertension. In L.J. Durstine, and G.E. Moore (Eds.), *ACSM's exercise management for persons with chronic diseases and disabilities* (pp. 76–80). Champaign, IL: Human Kinetics.

Gordon, N.F. (1993). *Diabetes: Your complete exercise guide.* Champaign, IL: Human Kinetics

Hagberg, J.M. (1988). Effect of exercise and training on older men and women with essential hypertension. In W.W. Spirduso and H.M. Ecker (Eds.), *The academy papers: Physical activity and aging* (pp. 186–181). Champaign, IL: Human Kinetics.

Hagberg, J.M., J. Park, and M.D. Brown. (2000). The role of exercise training in the treatment of hypertension. *Sports Medicine* 30: 193–206.

Hall, C.D., A.L. Smith, and S.W. Keele, and W. Steven. (2001). The impact of aerobic activity on cognitive function in older adults: A new synthesis based on the concept of executive control. *European Journal of Cognitive Psychology* 13: 279–300.

Hawkins, S.A., R.A. Wiswell, and E.T. Schroeder. (2002). The relationship between bone adaptations to resistance exercise and reproductive hormone levels. *Journal of Aging and Physical Activity* 10: 64–75.

Hazell, T., K. Kenno, and J. Jakobi. (2003) Training for muscle power in older adults: Effects on functional abilities. *Canadian Journal of Applied Physiology* April; 28(2): 178–89.

Hazell, T., K. Kenno, and J. Jakobi. (2007). Functional benefit of power training for older adults. *Journal of Aging and Physical Activity* 15: 349–359.

Holland, G.J., K. Tanaka, R. Shigematsu, and M. Nakagaici. (2002). Flexibility and physical functions of older adults: A review. *Journal of Aging and Physical Activity* 10: 169–206.

Hornsby, G.W. and Albright, A.L. (2003). Diabetes. In L.J. Durstine and G.E. Moore (Eds.), *ACSM's exercise management for persons with chronic diseases and disabilities* (pp. 133–141).Champaign, IL: Human Kinetics.

Jones, C.J. and J. Clark (1998). National standards for preparing senior fitness instructors. *Journal of Aging and Physical Activity* 6: 207–221.

Jones, C.J., and R.E. Rikli. (1994). The revolution in aging: Implications for curriculum development and professional preparation in physical education. *Journal of Aging and Physical Activity* 2: 261–272.

Jones, C.J., and Rose, D.J. (2005). *Physical activity instruction of older adults*. Champaign, IL: Human Kinetics.

Kinsella, K., and D.R. Phillips (2005). Global aging: The challenge of success. *Population Bulletin. A Publication of the Population Reference Bureau* 60(1).

Kreighbaum, E. (1987). Anatomy and kinesiology. In N. Van Gelder (Ed.), *Aerobic dance exercise instructor manual* (pp.35–88). San Diego: International Dance-Exercise Association (IDEA) Foundation.

Krueger, B. (2001). How aging is covered in the print media. *Generation: Journal of the American Society on Aging* 3: 10–12.

Larkin, M. (2007). Arthritis: innovative, evidence-based programs get results. *Journal on Active Aging* 6(4): 40–47.

Lees, F.D., P.G. Clark, C.R. Nigg, and P. Newman. (2005). Barriers to exercise behavior among older adults: A focus-group study. *Journal of Aging and Physical Activity* 13: 23–33.

Lucidi, F., C. Grano, C. Barbaranelli, and C. Violani. (2006). Social-cognitive determinants of physical activity attendance in older adults. *Journal of Aging and Physical Activity* 13: 344–359.

MacRae, H. (2005). Cardiovascular and pulmonary function. In W.W. Spirduso, K.L. Francis, and G.M. Priscilla (Eds.), *Physical dimensions of aging* (pp. 87–106). Champaign, IL: Human Kinetics.

MacRae, P.G. (1986). The effects of physical activity

on the physiological and psychological health of the older adult. In D.A. Peterson, J.E. Thornton, and J.E. Birren (Eds.), *Education and aging* (pp.205–230). Englewood Cliffs, NJ: Prentice Hall.

Masoro, E.J. (1999). *Challenges of biological aging.* New York: Springer.

Maynard, K. (2005). *No excuses. The true story of a congenital amputee who became a champion in wrestling and in life.* Washington, DC: Regnery.

Minor, M.A., and Kay, D.R. (2003). Arthritis. In L.J. Durstine and G.E. Moore (Eds.), *ACSM's exercise management for persons with chronic diseases and disabilities* (pp. 210–216). Champaign, IL: Human Kinetics.

Miszko, T.A., M.E. Cress, J.M. Slade, C.J. Covey, S. K. Agrawal, and C.E. Doerr. (2003). Effect of strength and power training on physical function in community-dwelling older adults. *Journal of Gerontology: Medical Sciences* 58(2): 171–175.

Montague, J., and K. Van Norman. (1998). The multistations wellness model. Assisted Living Success, August.

Moore, J. (2002). *Assisted living strategies for changing markets*. Fort Worth, TX: Westridge Publishing.

Morgenthal, A.P., and R.J. Shephard. (2005). Physiological aspects of aging. In C.J. Jones and D. J. Rose (Eds.), *Physical activity instruction of older adults* (pp. 38–51). Champaign, IL: Human Kinetics.

National Institute on Aging. (1990). *Physical frailty: A reducible barrier to independence for older Americans.*

Nelson ME, Fiatarone MA, Morganti CM, Trice I, Green-berg RA, Evans WJ (1994). Effects of high intensity strength training on multiple risk factors for osteoporotic fractures: A random controlled trial. *Journal of the American Medical Association* 272(24): 1909–1914.

O'Brien Cousins, S. (2001). Thinking out loud: What older adults say about triggers for physical activity. *Journal of Aging and Physical Activity* 9: 347–363.

Pappas-Gaines, M.B. (1993). *Fantastic water workouts. Low impact water exercises for health and fitness.* Champaign, IL: Human Kinetics.

Prochaska, J.O., and Marcus, B.H. (1994). The trans-theoretical model: Application to exercise. In R.K. Dish-man (Ed.), *Advances in exercise adherence* (pp.161–179). Champaign, IL: Human Kinetics.

Rasinaho, M., M. Hirvensalo, R. Leinonen, T. Lintunen, and T. Rantanen. (2007). Motives for the barriers to physical activity among older adults with mobility limitations. *Journal of Aging and Physical Activity* 15: 90–102.

Ray, O. (2004). How the mind hurts and heals the body. *American Psychologist* 59(1): 29–40.

Rikli, R.E., and Jones, C.J. (2001). *Senior fitness test manual.* Champaign, IL: Human Kinetics.

Rimmer, J.H. (2005a). Common health challenges faced by older adults. In C.X. Bryant and D.J. Green (Eds.), *Exercise for older adult: ACE guide for fitness professionals* (pp. 77–96). San Diego: American Council on Exercise.

Rimmer, J.H. (2005b). Exercise considerations for medical conditions. In C.J. Jones and D.J. Rose (Eds.), *Physical activity instruction of older adults* (pp. 335–348). Champaign, IL: Human Kinetics.

Rose, D.J. (2003). *FallProof: A comprehensive balance and mobility training program.* Champaign, IL: Human Kinetics.

Sanders, M. (2008). Cultivating a water exercise program using an evaluation approach. *Journal on Active Aging* 7(1): 57–64.

Sanner, B. (2005). Effective news releases. *Journal on Active Aging* 4: 2.

Semerjian, T., and D. Stephens. (2007). Comparison style, physical self-perceptions, and fitness among older women. *Journal of Aging and Physical Activity* 15: 219–235.

Shephard, R.J. (1999). Determinates of exercise in people aged 65 years and older. In R.K. Dishman (Ed.), *Advances in exercise adherence* (pp. 343–360). Champaign, IL: Human Kinetics.

Sipe, C. (2008). On-line learning for the 50-plus adult. *Journal on Active Aging* 7(1): 34–40.

Smith, E.L., and C. Gilligan. (1989a). Biological aging and the benefits of physical activity. In D.K. Leslie (Ed.), *Mature stuff: Physical activity for the older adult* (pp. 45–60). Reston, VA: American Alliance for Health, Physical Education, Recreation and Dance.

Smith, E.L., and C. Gilligan. (1989b). Osteoporosis, bone mineral, and exercise. In W.W. Spirduso and H.M. Eckert (Eds.), *The academy papers: Physical activity and aging* (pp. 106–113). Champaign, IL: Human Kinetics.

Snyder, R. (2002). Ageism in advertising. *Journal on Active Aging* 1(5): 12–14.

Somerville, R. (2001). Demographic research on newspaper readership. *Generations: Journal of the American Society on Aging* XXV(1): 24–30.

Sova, R. (2005). Aquatic training. In C.J. Jones and D.J. Rose (Eds.), *Physical activity instruction of older adults* (pp. 335–348).Champaign, IL: Human Kinetics.

Spirduso, W.W., K.L. Francis, and P.G. MacRae. (2005). *Physical dimensions of aging.* Champaign, IL: Human Kinetics.

Stamford, B.A. (1988). Exercise and the elderly. *Exercise and Sport Sciences Review* 16: 341.

Stelmach, G.E., and N.L. Goggin. (1989). Psychomotor decline with age. In W.W. Spirduso and H.M. Eckert (Eds.), *The academy papers: Physical activity and aging* (pp. 6–18). Champaign, IL: Human Kinetics.

Umstattd, M.R., and J. HallamJ. (2007). Older adults' exercise behavior: Roles of selected constructs of social-cognitive theory, *Journal of Aging and Physical Activity* 15: 206–218.

Van Norman, K. (2004). Increasing physical activity participation among 50+ adults: A new approach. *Journal on Active Aging* 3: 32–38.

Wilmore, J.H. (1988). Exercise-drug interactions in the older adult. In W.W. Spirduso and H.M. Eckert (Eds.), *The academy papers: Physical activity and aging* (pp. 194–199). Champaign, IL: Human Kinetics.

Wise, J.B., & Trunnell, E.P. (2001). The influence of sources of self-efficacy upon efficacy strength. *Journal of Sport and Exercise Psychology* 23: 268–280.

World Health Organization. (2005). *Preventing chronic diseases: A vital investment.*

# 作者简介

凯·A. 范·诺曼（Kay A. Van Norman）是老年健康咨询公司"优雅老去"的创建人和主席。她拥有体育和健康教育硕士学位，1981到1999年期间在蒙大拿州立大学健康与人类发展学院执教，并且在1989到1998年期间指导密歇根州立大学的青春永驻项目。1995到1997年期间，她还担任美国健康体育教育娱乐舞蹈联盟下的全国老龄化与人口发展委员会主席。1999到2002年范·诺曼女士担任凯瑟老龄化研究所主任，为老年人医学、老年人住宅、健身和老年健康的理论与实践的结合做出贡献。

作为老年人健康领域的权威人士，范·诺曼女士创作了多部书籍，并在该领域国内外杂志上发表20余篇专业文章。她为美国老龄化委员会撰写了2006年问题简报，探讨了年龄歧视对健康行为的影响。范·诺曼女士以顾问的身份设计出老年人居住综合健康课程，创造健康资源，进行员工培训，并定期在国内和国际会议上发言。由于在老年人健康领域的多年贡献，1998年，范·诺曼女士被授予罗莎贝尔科斯荣誉奖，2003年，她又因为满足老年人需求而做出的创新性杰出贡献被美国老龄化委员会授予最佳实践奖。她目前担任美国老龄化委员会健康促进协会代表，并在国际老龄化活动理事会和美国老年健身协会担任理事。

以下是"优雅老去"可提供的服务项目。

- 主题演讲和分组演讲。
- 健康课程设计与发展。
  - 员工培训。
  - 驻地研讨会。
- 社区健康课程和全州健康课程。
  - 老年人风险研究。
  - 匹配专用款项的项目设计。
  - 询证方案。
- 研究。
  - 全身心健康工作站。
  - 教育课程。
  - 动机、机会、验证和教育项目。
  - 一周系列活动。
  - 视频：低冲击有氧运动、椅子运动。
- "优雅老去"会员服务。
  - 可下载资源。
  - 互联网互动社区。

# 译者简介

张佳兴，好家庭集团联合创始人、副总裁，好家庭TopSupport国际运动表现与康复中心CEO，好家庭集团备战里约奥运会中国国家队运动功能与康复团队负责人。体能训练与康复专家，多次受邀为国家队、省运动队、商业俱乐部等进行体能训练方面的培训，长期致力于运动与健身综合解决方案的研发与实践。

陆洪军，黑龙江省佳木斯大学附属第一医院骨外科主任医师，教授，硕士研究生导师。中国伤残医学常务编委，黑龙江省医学会运动医学学会委员会委员，黑龙江省康复医学会关节及运动医学分会委员；参编著作5部，发表核心论文10余篇，SCI论文3篇，主要研究方向为运动医学。

计百成，博士，好家庭集团联合创始人、副总裁，从事运动与健康领域工作20余年，负责公司运动与健康市级工程实验室的建设，帮助公司取得多项科研成果，获得罗湖区区长质量奖、深圳市自主创新百强优势企业等荣誉。现任深圳罗湖区棋牌协会会长、广东省射箭协会副主席、东南大学深圳校友会副会长。